Die Lahn

Vom Quellteich bis zur Mündung

Die Lahn

Vom Quellteich bis zur Mündung

Fotos von Helmut Schuld · Text von Arno Kappler

Societäts-Verlag

Abbildungen Schutzumschlag: Dom und Burg Limburg (Vorderseite); die Lahn bei Villmar (Rückseite)

Frontispiz: Kirche Sankt Lubentius und Juliana in Dietkirchen

Seite 6/7: Untere Orangerie des Weilburger Schlosses

Die Fotos auf den Seiten 20 (unten), 21, 42/43, 90 (oben links), 93, 119 (unten links), 120/121 und 127 (unten) stammen von Arno Kappler.

Die Deutsche Bibliothek - CIP-Einheitsaufnahme
Die **Lahn**: Vom Quellteich bis zur Mündung / Fotos von Helmut Schuld.
Text von Arno Kappler - Frankfurt am Main: Societäts-Verl., 1998
ISBN 3-7973-0679-2

Gestaltung und Satz: Peter Lenz, Wiesbaden
Karte: Kartographie Peh/Schefcik, Eppelheim
Lithographien: Societätsdruck, Frankfurt/Main
Druck und Verarbeitung: Franz Spiegel Buch GmbH, Ulm
Printed in Germany 1998
ISBN 3-7973-0679-2

Inhaltsverzeichnis

Vorwort

„Caput Nili quaerere" (die Quelle des Nil suchen) war in altrömischer Zeit ein geflügeltes Wort. Nach der Schlacht bei Aktium hatte man das Land um die Mündung des großen afrikanischen Stroms im römischen Sinn „befriedet", sich dort häuslich eingerichtet und dachte heftig über die Ursache des jährlichen Nilhochwassers nach, das nach seinem Abklingen Ägypten reiche Ernten bescherte; wo aber die Quelle des mächtigen Flusses war, wußte keiner zu sagen. Sie mußte so weit weg sein, daß es als vergebliches Unterfangen erschien, nach ihr zu suchen; man war auf Vermutungen angewiesen. So entwickelte sich die Redewendung mit der Zeit zu einem Ausdruck für alle Vorhaben, die aussichtslos erschienen und deshalb sinnlos waren.

Der große Schritt vom römischen Makro- zum heimatlichen Mikrokosmos sei erlaubt: Es ist heute ebenso aussichtslos, die Lahnquelle zu suchen. Jenes Rinnsal, das früher im Keller des Forsthauses am Lahnkopf im südöstlichen Teil des Rothaargebirges zutage trat und „Lahnquelle" getauft worden war, ist seit langer Zeit versiegt, und es gibt keinerlei historischen oder volkstümlichen Anhaltspunkt dafür, welches der in der Nähe zahlreich entspringenden Bächlein als Ersatzquelle dienen könnte. So einigte man sich darauf, daß das aus diversen Zuläufen zusammenströmende Wasser des Teiches unterhalb des Forsthauses „echtes" Lahnwasser enthalte, und dies auf 628 Meter Meereshöhe.

Erst durch ihre zahlreichen Zuflüsse wird die Lahn, die in alten Urkunden als Loganus oder Logana, Langana oder Lanus auftaucht, nach und nach zu einem breiten Wasserlauf; hier nur eine kleine Aufzählung von Nebengewässern, die manchen Rätsellöser an waagrecht oder senkrecht stehende Antworten erinnern wird: Banfe, Perf und Dautphe, Wetschaft, Ohm und Allna, Dill, Bieber und Weil, Aar, Dörsbach und Gelbach. Was die Länge der Lahn betrifft, ist eine auffällige Unsicherheit in der Literatur festzustellen. Die Angaben schwanken um den Bereich von 240 bis 250 Kilometern, ja ein aufwendiger Werbeprospekt kommt nur auf 224 Kilometer. Der „Brockhaus" nennt 245, und dabei soll es bleiben.

Anders als die Quelle läßt sich die Mündung zweifelsfrei definieren: Die Lahn vermischt bei Rheinkilometer 585,7 in Lahnstein ihre Fluten auf 61 Meter Meereshöhe mit denen des großen Stromes, wobei ihre am Ufer auf Tafeln verzeichnete Streckenlänge mit soeben 137 Kilometern angegeben ist, gemessen von der ehemaligen preußisch-hessischen Grenze bei Heuchelheim aus.

Vor 400 Jahren bereits gab es Treidelschiffahrt an der Lahn, deren Bett zu diesem Zweck an manchen Stellen vertieft werden mußte. Die Kähne wurden an Leinen mit Pferde- oder Menschenkraft gezogen, daher stammt der Leinpfad an der Lahn, der heute als Fußgänger- und Radweg dient. Ein systematischer Ausbau zur Wasserstraße begann zu Anfang des 19. Jahrhunderts; die Lahn wurde nach und nach (bis 1851) von der Mündung bis nach Gießen durch 21 Schleusen für Schiffe bis 200 Tonnen schiffbar gemacht. Schon vorher waren Wehre zur Regulierung des Flusses gebaut worden; aber nach wie vor führt er zumeist nach der Schneeschmelze Hochwasser, das an den größtenteils unbefestigten Ufern und natürlich auch in den Anwesen der unmittelbaren Flußanrainer erhebliche Schäden anrichten kann – das Wasser ist dann lehmig braun. Die maximalen Wasserstände früherer Zeiten dokumentieren die Lahnleute zu eigener Erinnerung und fremdem Erstaunen an exponierten Stellen am Flußufer.

Transportiert wurden auf der Lahn fast ausschließlich Massengüter wie Eisenerz aus den nahegelegenen, in der damaligen Zeit als abbauwürdig geltenden Vorkommen, dazu Zink, Blei, Silber, Schiefer, Lahnmarmor aus Diez und Villmar. 1860 zum Beispiel wurden 107 055 Tonnen Eisenerz verschifft. Wegen Eisgang, Hoch- oder Niedrigwasser konnten die Schiffe allerdings nur für drei bis vier Monate von Hafen zu Hafen fahren.

Ein Industriedenkmal besonderer Art ist in diesem Zusammenhang die Insel Oberau vor Nievern am Unterlauf der Lahn. Sie entstand durch Menschenhand, nämlich aus den Schlacken der Nieverner Eisenhütte. Bis zu 500 Arbeiter waren in der Blütezeit hier tätig. Noch heute erinnert das Elektrizitätswerk an die industrielle Vergangenheit.

Der letzte Lahnfrachter nahm im Jahr 1969 Fahrt auf; der Niedergang der Schiffahrt hatte indessen bereits Ende des 19. Jahrhunderts begonnen, als die Lahntalbahn ausgebaut worden war und – unabhängig vom Wasserstand – immer größere Mengen an Gütern transportierte. Heute ist der Bahngüterverkehr eine zu vernachlässigende Größe; auch auf der Straße gibt es außer der nötigen Anliegerversorgung keinen Schwerverkehr im Lahntal.

Heute lassen sich die politisch-territorialen Verhältnisse an der Lahn mühelos bestimmen: Der Fluß entspringt in Nordrhein-Westfalen, durchfließt Hessen und mündet in Rheinland-Pfalz. Wollte man indessen die verwickelten Landbesitzverhältnisse vom frühen Mittelalter bis zur Gegenwart anders als in dicken Büchern beschreiben, könnte man unschwer als Scharlatan qualifiziert werden. Wer zählt die Herrschaften, Fürstbischöfe, Könige, Grafen, Fürsten, Freiherrn und die weiteren Adligen, die hier das Sagen hatten? Wer zählt die Schenkungs- und Besitzurkunden, die ausgefertigt und besiegelt wurden; wer kennt sich wirklich aus in der Heiratspolitik der Sayn-Wittgensteiner und Solmser; wer vermag die zahlreichen Ehen und zahllosen Kinder der in der Genealogie führenden Persönlichkeiten wie das große Einmaleins herzusagen? Und ihre Besitztümer und Ämter? Deshalb können hier nur einige Schlaglichter auf Personen und Ereignisse der ebenso reichhaltigen wie verwickelten Geschichte des Landes an der Lahn geworfen werden.

Wilhelm der Schweiger (1533 in Dillenburg geboren, 1584 in Delft gestorben), ältester Sohn von Graf Wilhelm von Nassau-Dillenburg, war Prinz von Oranien, Graf von Nassau, Katzenelnbogen, Vianden, Diez, Buren, Lingen und Leerdam, Marquis von Veeren und Bergen op Zoom, Burggraf von Antwerpen, Baron von Breda, Ijsselstein, Diest, Cuyk, wurde Statthalter von Holland, Seeland und Utrecht und der Freigrafschaft Burgund, Statthalter auch von Brabant, stellvertretender Generalgouverneur der Niederlande und Statthalter von Friesland. Dabei war er nur eine von vielen Persönlichkeiten aus dem Hause Nassau, die nicht nur in der deutschen, sondern in der europäischen Geschichte eine bedeutende Rolle gespielt haben.

Die Nassauer benannten sich nach ihrer Stammburg, die um 1125 erbaut wurde; sie stammten von einem Mainzer Vogt ab und hatten nach 1124 die Vogtei des Hochstifts Worms in Weilburg inne. Ihren Besitz vergrößerten sie schnell, bis sie den Erzbischöfen von Trier und Mainz zu mächtig wurden: Die erste Teilung des Hauses erfolgte auf ihren Druck hin in die Linien Graf Walram mit den Besitztümern südlich der Lahn (Weilburg, Idstein, Wiesbaden) und Graf Otto (Siegen, Dillenburg u.a.). Die weitere Teilung der Ottonischen Linie erfolgte in Nassau-Hadamar, Nassau-Siegen und Nassau-Dillenburg, von denen die Dillenburger nach diversen Heiraten und Erbschaften die Mächtigsten wurden und ihren Besitz in die heutige Niederlande ausdehnten. Das ehemalige Fürstentum Oranien, in Südfrankreich gelegen, kam 1530 zu Nassau, von 1544 an war der Schweiger Wilhelm regierender Prinz von Oranien; er begründete das Haus Oranien-Nassau, das seit 1815 den König beziehungsweise die Königin der Niederlande stellt.

Wilhelm war der führende Kopf im Freiheitskampf der Niederlande gegen das damalige Mutterland Spanien, als der spanische König Philipp II. 1567 Herzog von Alba (Fernando Álvarez de Toledo) mit einem Heer in die Niederlande sandte, um die massive Unzufriedenheit der Bevölkerung mit den Herrschenden zu unterdrücken. Alba wurde zum Statthalter der Niederlande ernannt, regierte mit Hilfe seines „Rats der Unruhen", natürlich unterstützt von der Inquisition, mit unnachgiebiger Grausamkeit. Seine Reformen stießen bei der Bevölkerung immer stärker auf Widerstand; deshalb wurde er 1573 nach Spanien zurückgerufen. Wilhelm gelang daraufhin in der Genter Pazifikation die politische Vereinigung aller niederländischen Provinzen. Zwar hielt diese Vereinigung nur wenige Jahre, gleichwohl bildete sie die Grundlage für den heutigen Staat

Niederlande, der in seiner Nationalhymne noch immer seinen Befreier rühmt: „Wilhelm von Nassauen bin ich von deutschem Blut..."
Eine weitere führende Persönlichkeit des Nassauer Fürstenhauses war Wilhelm III. von Oranien, der 1674 Generalstatthalter der Niederlande wurde. 1677 heiratete der Maria Stuart, Tochter des späteren Königs Jakob II. von England. Dessen katholische, zu Frankreich neigende Politik bewirkte ab 1686 Hilfeersuchen der englischen Opposition, so daß Wilhelm mit einem Heer in England landete und nach Jakobs Flucht vom englischen Parlament zum König ausgerufen wurde (Glorreiche Revolution). Die 1660 als Charles Town von den Engländern gegründete Hauptstadt der Bahamas (an der Nordostküste von New Providence Island) wurde 1690 zu Ehren Wilhelms III. in Nassau umbenannt.
Aus der ursprünglichen Walramischen Linie entstammte König Adolf von Nassau (reg. 1292-98). Auch diese Linie teilte sich - in diejenige von Idstein und die von Weilburg, welche durch Heirat Saarbrücken hinzuerwarb. Weiter ging es mit Aussterben, Heiraten und Teilungen, bis Anfang des 19. Jahrhunderts nur noch Nassau-Usingen und Nassau-Weilburg übrig waren, die 1806 dem Rheinbund beitraten und sich zum Vereinigten Herzogtum Nassau zusammenschlossen. Nach dem Ende der Usinger Linie wurde das Herzogtum alleine von Weilburg regiert und verlor im Deutschen Krieg von 1866, da mit Österreich verbündet, sein Territorium an Preußen. 1890 wurde Adolf von Nassau (1817-1905) aufgrund des Nassauischen Erbvereins, in dem die Erben aller verbliebenen Nassauer die Erbfolge des Gesamthauses festgelegt hatten, Großherzog von Luxemburg.
Eine der Gegenwart weit entrückte Persönlichkeit, der 1894 bei Villmar ein Denkmal gesetzt worden ist, war Konrad I. Der Sohn des gleichnamigen „Konradiners" (ein wissenschaftlicher Kunstname) Konrad des Älteren führte in Nachfolge des Vaters den Stamm des Ostfrankenreiches. Als die Karolinger mit dem Tod Ludwig des Kindes ausgestorben waren, wählten ihn die Franken und Sachsen, die Alemannen und Bayern in Forchheim (Oberfranken) im November 911 zum deutschen König, einen Kompromißkandidaten. Konrad hatte nach seiner Wahl weder Kriegsglück bei seinen Feldzügen zur Wiedergewinnung Lothringens von dem Westfranken Karl III., noch konnte er den Gefahren von außen, Überfällen von Ungarn, Slawen und Normannen, wirksam begegnen. In seine Stammburg Weilburg zurückgekehrt, verfügte er deshalb auf seinem Sterbelager im Dezember 918 („Weilburger Testament"), daß nicht sein Bruder Eberhard, sondern Herzog Heinrich von Sachsen neuer König werden solle. Dieser war Konrads genaues Gegenteil: Eine Kämpfernatur, die keinesfalls - wie es in der bekannten Ballade von Vogl/Loewe heißt - nur am Vogelherd saß, sondern mit Hilfe des Rittertums wesentlich zur Einheit des damaligen Deutschlands beitrug. Natürlich sollte das Denkmal für Konrad ursprünglich in Weilburg stehen, aber was konnte man damals - 1894, im Zeitalter nationalster Gesinnung - mit einem König anfangen, der seine Unzulänglichkeit eingesehen und seine Krone freiwillig weitergegeben hatte? Mit diesem Verzicht war kein Staat zu machen... Später gaben die Villmarer ihren König nicht mehr her.
Das Marburger Religionsgespräch, das 1529 auf Einladung des Landgrafen Philipp I. von Hessen, der den Beinamen „der Großmütige" trug, zustande kam, sollte sowohl theologische Streitfragen klären als auch den Zusammenhalt der evangelischen Stände stärken. Vom 1. bis zum 4. Oktober diskutierten unter anderem Luther, Melanchthon, Zwingli, Oekolampad und Bucer über die sogenannten 15 Marburger Artikel, bei denen der 15. (über das Abendmahl) zwischen Luther und Zwingli strittig blieb. - Eine Gedenktafel am Haus Barfüßerstraße 48 erinnert an das Marburger Religionsgespräch.
In Nassau an der Lahn wurde auf dem Familienschloß Heinrich Friedrich Karl Reichsfreiherr vom und zum Stein am 26. Oktober 1757 geboren, der preußische Staatsmann, der - wie seine Zeitgenossen berichten - eigentlich gar nicht „preußisch" war, in seinem Denken und Tun nicht systematisch, sondern eher rheinisch-genialisch. Liest man seine zahlreichen Denkschriften, kann man ihn unschwer als einen Europäer avant la lettre bezeichnen. Aber auch sonst berufen sich Politiker jeglicher Couleur gerne auf den Reichsfreiherrn, weil sein Denken keineswegs einseitig und er im besten Sinn ein Aufklärer war, indem er Autoritäts- und Obrigkeitsdenken in staatsbürgerliches Selbstbewußtsein zu wandeln versuchte und gleichzeitig in der Praxis die Gemeindeverfassung neu ordnete, Gewerbefreiheit und Bauernbefreiung in Preußen durchsetzte. Dabei war er dann wiederum „preußisch" in der Ausarbeitung von bis in kleinste Details gehenden Plänen zur Verteilung von Ämtern und Aufgaben.
Stein studierte in Göttingen Staats- und Rechtswissenschaften, unternahm Studienreisen zum Reichstag nach Regensburg und zum Reichshofrat nach Wien und bildete sich 1777 am Reichskammergericht in Wetzlar weiter,

wobei er die Juristerei offenbar wesentlich ernster nahm als der kurz vorher dortselbst weilende Goethe, weshalb von Stein heute in Wetzlar niemand mehr spricht, zumal der sich über die Stadt nicht eben angetan äußerte. Im übrigen sind Stein und Goethe sich des öfteren begegnet; 1815 unternahmen sie sogar gemeinsam eine Rheinreise, die in Nassau begann und in Köln endete.

1780 trat Stein in den preußischen Staatsdienst ein, machte Karriere als Oberbergrat, Präsident der Kleveschen Kammer, Oberpräsident der Mindenschen Kammer. 1804 wurde er zum preußischen Finanz- und Wirtschaftsminister ernannt. In den napoleonischen Kriegswirren entließ der König Stein; der zog sich auf seine Güter in Nassau zurück, wo er – in Untätigkeit, wie er sagte – die Erkenntnisse seiner bisherigen politischen Tätigkeit in einem Buch zusammenfaßte, der „Nassauer Denkschrift“, mit dem Titel: „Über die zweckmäßige Bildung der obersten und der Provinzial-, Finanz- und Polizeibehörden in der preußischen Monarchie“. Daraus nur ein Zitat, das für sich spricht: „In die aus besoldeten Beamten bestehenden Landeskollegia drängt sich leicht und gewöhnlich ein Mietlings-Geist ein, ein Leben in Formen und ein Dienst-Mechanismus, eine Unkunde des Bezirks, den man verwaltet, eine Gleichgültigkeit, oft eine lächerliche Abneigung gegen denselben, eine Furcht vor Veränderungen und Neuerungen, die die Arbeit vermehren, womit die bessern Mitglieder überladen sind und der die geringhaltigern sich entziehen.“ Wiederholt berichtete Stein darüber, daß er seine theoretischen Überlegungen in die Praxis umsetzte und handfest mitwirkte bei der „...Verminderung der unnützen Schreiberei bei den Oberbehörden, indem ich eine Masse von unnützem Papierkram ganz einstellte“.

Bereits im Herbst 1807 wurde Stein in den preußischen Staatsdienst zurückgerufen und zum leitenden Minister Preußens ernannt. Von Napoleon geächtet, verbrachte er drei Jahre im Österreichischen Exil und wurde dann von Zar Alexander I. als Berater nach Sankt Petersburg berufen. Als solcher nahm er auch am Wiener Kongreß teil. Bedeutende politische Ämter hatte er später nicht mehr. Er lebte zurückgezogen unter anderem in Nassau, wo er seinem Schloß zum Andenken an die deutschen Freiheitskriege einen achteckigen Turm anfügen ließ, in dem er sich sein Arbeitszimmer einrichtete. Eine philologische Großtat waren in dieser Zeit seine Bemühungen um die Gründung der Gesellschaft für ältere deutsche Geschichte. Noch zu Lebzeiten erschien der erste Band der „Monumenta Germaniae Historica", die Quellenwerke der deutschen Geschichte aus dem 5. bis 15. Jahrhundert dem Interessierten zugänglich machen. Die Edition ist bis heute nicht abgeschlossen; mehr als 320 Bände sind erschienen. Am 29. Juni 1831 verstarb Stein auf dem Schloßgut Cappenberg in Westfalen, das er 1816 erworben hatte. Beerdigt ist er in der Familiengruft in Frücht unweit von Bad Ems. Am 12. Februar 1951 wurde das aufwendige Stein-Denkmal in Nassau eingeweiht; Theodor Heuss hat dazu die Festansprache gehalten.

Ein politischer Schildbürgerstreich aus der jüngsten Vergangenheit und mit Sicherheit dener Politiker die Rechnung ohne die Bürger gemacht, denn die verantwortlichen Parteien fielen bei den Kommunalwahlen im gleichen Jahr ganz erheblich durch, so daß die unglückselige kommunalpolitische Missetat von den gleichen Politikern zurückgenommen werden mußte, was sie allerdings – Presseberichten zufolge – ohne den Ausdruck tiefsten Bedauerns taten. Denn man konnte ja weitere Aktivität beweisen: Aus Lahn wurden wieder Gießen und Wetzlar und die Großgemeinden Heuchelheim, Lahnau und Wettenberg.

Weitblick hatte damals nur die Straßenverkehrsbehörde bewiesen, denn sie hatte die Hinweisschilder „Wetzlar", „Gießen" und so

nicht entstanden im Geist der Steinschen Gemeindereform war die Zusammenlegung der Städte Gießen und Wetzlar sowie vierzehn weiterer Gemeinden zur Großstadt namens „Lahn", die indessen nur für 31 Monate bestand und am 1. August 1979 wieder aufgelöst wurde. „Wenn ich Lahn seh, krieg ich Zahnweh", hieß das geflügelte Wort, das zum Slogan der Lahn-Gegner wurde, die allein schon die äußerst geistvolle Wahl des Namens für die Retortenstadt, die es auf 157 000 Einwohner brachte, anprangerten.

Erschaffen im Fieber der hessischen Gebietsreform am 1. Januar 1977, hatten die Wiesba- weiter beibehalten und nicht gegen „Lahn" ausgetauscht. Allerdings hatte man als Autokennzeichen das schlichte „L" vergeben, das eigentlich – im Fall der Wiedervereinigung – für Leipzig vorgesehen war. Aber daran dachte 1977 wohl niemand... Nachdem „Lahn" wie weiland Atlantis untergegangen war, wanderte das „L" zum neu gebildeten Lahn-Dill-Kreis ab; seit der Wiedervereinigung gibt es zwei unterschiedliche „L" mit großer geographischer Entfernung: Alle vierstelligen Autokennzeichen mit dem großen „L" werden in der Sachsenmetropole vergeben, während für den Lahn-Dill-Kreis das neue Kürzel „LDK" aus der

Taufe gehoben wurde. So wurde das „kleine große L" zum „auslaufenden Kennzeichen", wie es in schönstem Beamtendeutsch heißt, und man hofft offenbar, daß die damit noch immer einherfahrenden Oldtimer bald das gleiche Schicksal ereilt.

An der Lahn arbeiten Industriebetriebe, die seit Jahrhunderten weltbekannt sind. Selterskaja heißt Mineralwasser auf Russisch, die Türken nennen es Seltz suyu, die Portugiesen Agua de seltz. Selterswasser ist einer der ältesten Markenartikel der Welt und diente früher vielen, die sich als „was Besseres" vorkamen, sowie Kaisern, Königen und Fürsten in aller Welt als Nahrung und Erfrischung. Denn Mineralwasser war ein Luxusprodukt, das sich der einfache Mann nicht leisten konnte. Der Trierer Kurfürst Franz Georg von Schönborn (nomen est omen) ließ Mitte des 18. Jahrhunderts in Selters einen im Stil der damaligen Zeit hochmodernen Brunnenbetrieb einrichten und machte das Wasser zu einem weltweit begehrten Exportartikel, den man in Sankt Petersburg wie in Florenz, in London wie in New York für nicht wenig Geld käuflich erwerben und im Dienst der Gesundheit innerlich anwenden konnte. So noch heute, denn seit den Zeiten des hochgelahrten Medicus Tabernaemontus, der im 16. Jahrhundert schrieb: „Dieser brunn öffnet die verstopffungen der lebers, deß milzes, der brust, lungen, nieren und blasen", sind die mineralischen Ingredienzien des Wassers gleich geblieben: „Er verzehret und trücknet auß die Flüß und bösen feuchtigkeiten deß haupts und des hirns, der augen und aller anderer glieder. Er vertreibt die geelsucht, den schwindel, die fallendsucht, melancholey und schwermütigkeit..."

Keineswegs zurück steht da eine andere Quelle, „Staatlich Fachingen", vom Anspruch her eine Art Mercedes unter den Mineralwässern, das man zwar nicht in der Apotheke kaufen kann, bei dem aber wegen seines champagnerähnlichen Preises in so manchem Hotel der Welt ein Fingerhut mitgeliefert werden sollte. Schon in früheren Zeiten galt das Fachinger Mineralwasser als Luxusprodukt, das „kopiert" und wie die heutigen Markenuhren aus Taiwan weit unter Preis verscherbelt wurde. 1746 ist die Quelle im Auftrag der nassau-oranischen Rentkammer gefaßt worden; seitdem verströmt sie ihr kostbar-köstliches Naß, das nicht enteisent oder mit Kohlensäure versetzt wird, keineswegs wie „eingeschlafene Füße" schmeckt, sondern mit den Schlagworten unserer Zeit naturbelassen, kalorienlos und deshalb bio-öko-naturgut ist. Vorher in verkorkten und verpichten Krügen aus dem Westerwälder Kannenbäckerland (die nicht selten leckten) vertrieben, wurde das Naß erst allmählich seit 1870 in Flaschen abgefüllt; bis heute bewirken 42 Mineralstoffe und Spurenelemente unter anderm bei Stoffwechselkrankheiten, Mineralstoffmangel, Nierenleiden und weiteren Erkrankungen der Harnwege Linderung, Heilung und unverschämtes Wohlergehen.

Genug des Wassers. Handfester ging es bei den Brüdern Buderus in Wetzlar zu, die im Gebiet von Lahn und Dill Erzgruben besaßen und in den sechziger/siebziger Jahren des 19. Jahrhunderts wie viele andere Unternehmer sich an die Verhüttung machten: Wegen der physikalisch-chemischen Eigenschaften des „Lahnerzes" wurde Gießereiroheisen hergestellt, mit dem man sehr erfolgreich war, andere Firmen zukaufen und sich stets dem neuesten Stand der Technik anpassen konnte, zum Beispiel durch eine fünf Kilometer lange Materialseilbahn von der Grube Amanda bei Nauborn zur Sophienhütte, dem Stammwerk in Wetzlar. Röhrengießerei und Zementwerk kamen hinzu. Öfen von Buderus standen in jedem Haus. Mit der steigenden Unrentabilität der Gruben und deren Schließung änderte sich allerdings das Geschäftsfeld: Baubedarf, Heizungs- und Klimatechnik, Haushaltsgroßgeräte und Laboranlagen sowie Flugzeugzubehör sind nur einige der zahlreichen Produkte des heute zum Feldmühle-Nobel-Konzern gehörenden Werkes.

Ein zweiter Firmenname ist beinahe ein Synonym für die Stadt Wetzlar in aller Welt geworden: Leitz. Ernst Leitz aus Sulzburg in Baden trat 1864 in das von Carl Kellner 1849 eröffnete und von Friedrich Belthle fortgeführte „optische Institut" ein, wurde bald Teilhaber und nach Belthles Tod Alleininhaber. Hergestellt wurden neben Fernrohren vor allem Mikroskope; die aufkommende akribische Forschung im Bereich von Bakteriologie und Histologie verlangte eine stetig wachsende Präzision, der man sich in Wetzlar in jeder gewünschten Ausführung weltweit befleißigte. Darüber hinaus wurden auch andere optische Geräte hergestellt, von denen die Kleinbildkamera Leica mit dem Bildformat 36 x 24 mm nicht nur eine epochenmachende Pioniertat des Werkmeisters Oskar Barnack war, sondern die Fotografie seit 1926 im besten Sinn zu einem Massenmedium machte und das Fotografieren wegen der handlichen und unverwüstlichen Kameras zu einem vergnüglichen Hobby für jedermann. Bis heute schwört fast jeder Fotograf oder wer sich dafür hält auf die Produkte aus dem Hause Leitz, die in der Tat im Hinblick auf Verarbeitung und optische Eigenschaften keine Wünsche offen lassen. Fotogra-

fieren muß man allerdings noch immer selbst, und ob die dabei entstandenen Bilder nach dem Klick (pardon: nach der Betätigung des Auslösers) „schön geworden“ sind, hängt nur zu einem gewissen Teil von den Qualitäten der Kamera ab.
Nach dem Ende des Massengütertransports per Schiff ist die Lahn heute zum Vergnügungsfluß geworden, zu einem „happy Wasserlauf“, der hervorragend in die heutige Freizeit- und Spaßgesellschaft paßt, wenn auch das Vergnügen für den einen oder anderen durch die Massenhaftigkeit, mit der es einhergeht, etwas eingeschränkt wird. Versteht man es indessen, sich der Masse anzupassen oder besteht gerade das Vergnügen darin, kann es beispielsweise zum bedeutenden Erlebnis werden, „Lindenstraße“ nicht vom heimischen Lehnsessel aus zu observieren, sondern auf den schwankenden Planken eines Lahn-Luxus-Liners während sanft hereinbrechender Dunkelheit.
„Könnten Sie mich bis Nassau mitnehmen?“ fragte ein jugendlicher Anhalter in Lahnstein, „ich möchte nach Hause!“ Ein Nassauer also, auch im übertragenen Wortsinn, denn „nassauern“ heißt im Volksmund soviel wie schmarotzen, und besonders: im Wirtshaus auf Kosten anderer Leute essen und trinken. Erklärungen dafür gibt es mancherlei. So soll zum Beispiel der Wiesbadener Landgraf von Hessen Studenten aus seiner Heimat Gastfreiheit gewährt haben. Sobald man an der Schloßpforte seine Herkunft als „Nassauer“ kundgetan hatte, wurde man eingelassen. Es versteht sich, daß dieses Recht geradezu unablässig mißbraucht wurde. Seriösere Erklärungsversuche gehen von mittelhochdeutsch „naß“ aus, das soviel wie liederlich, betrunken, ohne Geld bedeutete, woraus sich das rotwelsche „nassenen“ gebildet haben könnte. Von dort ist es nicht mehr weit bis „nassauern“.
Seitdem es keine Frachtschiffahrt mehr auf der Lahn gibt, gehört der Fluß den Freizeitkapitänen, die je nach Portemonnaie hier in wahren Schlachtschiffen oder badewannenähnlichen Motornußschalen kreuzen, in properen Yachten, schmucken Schaluppen und behäbigen Wasseroldtimern, alle besetzt mit nichtarbeitender, daher frohgemuter Bevölkerung. Für alle Motorboote ist eine Höchstgeschwindigkeit von zwölf Kilometern pro Stunde vorgeschrieben, außer in den vier ausgewiesenen Wasserski-Gebieten, vorausgesetzt, man hat jemand im Schlepp. Wer als „Wasserratte“ lieber die Muskeln spielen läßt, greift zu Ruder, Riemen oder Paddel und bewegt sich je nach Kraft, Ausdauer und Zeit im feuchten Element fort: Boote unterschiedlichsten Kalibers stehen leihweise fast überall zur Verfügung. Auffallend ist, daß sich die Paddelboote fast alle stromabwärts bewegen. Versierte Wildwasserfahrer mit Kunststoffbooten verzichten auf das Umtragen der Boote bei den Schleusen und lassen sich tollkühn die Wehre hinabschießen. Segler und Surfer haben im engen Flußtal wenig Chancen.
Beim Höhepunkt der Emser Ruderregatta sind die Kombattanten mit aller Kraft darauf bedacht, den Pokal zu erringen, den Kaiser Wilhelm I. höchstselbst ausgesetzt hat, was offenbar nur dann gelingen kann, wenn die Fans und Aficionados der einen oder anderen Rudercrew ebenso unverständliche wie ohrenbetäubende Anfeuerungsrufe durch das liebliche Tal erschallen lassen.
Die teilweise staugeregelte Strecke der Lahn reicht von Dorlar bis Runkel, hier muß man bei den Schleusen selbst Hand anlegen, während man von Limburg bis Lahnstein auf die hilfreichen Dienste der Schleusenwärter angewiesen ist, die in der verkehrsarmen Winterzeit auch auf Vorbestellung aktiv werden. Die Schleusung ist gebührenfrei, und statt eines Trinkgeldes stellt der kundige Käptn ein Fläschchen Bier vor oder nach dem Akt steuer- oder backbords auf die Schleusenmauer.
Schmucke Musikdampfer gewähren ihren Fahrgästen von Ort zu Ort sozusagen ein Eintauchen in die liebliche Lahn-Landschaft, die romantisch-idyllisch ist. Was immer dies bedeutet, es kann nicht falsch sein, denn die Gesamtheit der zahllosen Lahn-Werbeprospekte kann nicht irren. Schon Goethe hatte auf einer Lahn-Tour 1772 geschrieben: „Mein Auge, geübt die malerischen und übermalerischen Schönheiten der Landschaft zu entdecken, schwelgte in Betrachtung der Nähen und Fernen, der bebuschten Felsen, der sonnigen Wipfel, der feuchten Gründe, der thronenden Schlösser und der aus der Ferne lockenden blauen Bergreihen.“
Wundert es da, daß selbst Weltenbummler heute ins Schwärmen geraten und den Einheimischen in ihrer oft zu hörenden Äußerung beipflichten: „Warum sollen wir im Sommer verreisen? Schöner als bei uns ist es nirgendwo!“ Auch die Campingfreunde stimmen in diesen Refrain ein: Als seßhafte Nomaden haben sie ihren oft sogar eingezäunten Stammplatz am Lahnufer und sind offenbar glücklich darüber, daß sie übers Wochenende oder im Urlaub aus dem städtischen vertikalen Hochhaus in eine Art horizontales Hochhaus an der Lahn fliehen können.
Auch die Petri-Jünger geben sich an der Lahn ein Stelldichein und fischen, was ihnen vor Angel und Kescher kommt: Hechte und Weiß-

fische, Aale und Zander... Mancher liebt dabei die Einsamkeit des taufrischen frühen Morgens, der andere die nervenzerfetzende Aufregung des vereinsgelenkten Preisfischens: eine Art Poseidon-Jagdgesellschaft, bei der es dann schließlich nicht „Halali", sondern „Petri Heil" heißt und die Länge des an Land gezogenen Flußbewohners auf dem Erinnerungsfoto stolz an der Länge des eigenen Körpers demonstriert wird.

Wer lieber auf dem Festland bleibt, erhält entlang des Lahnlaufs zwei Möglichkeiten, körperliche Fitneß aufzubauen, zu verstärken und zu erhalten. Die Beschilderung des rund 240 Kilometer langen Radweges vom Quellgebiet bis zur Mündung ist von deutscher Gründlichkeit; darüber hinaus gibt es einen lenkergerecht aufgemachten Führer „Radwanderweg Lahntal", der das Ansinnen einer abenteuerlichen Reise auf den Spuren vormaliger Pedalritter in die Nähe absoluter Illusion rückt. So fahren sie denn heute dahin, die Biker, im besonders von der Hüftgegend abwärts an äußerst eng anliegenden, möglichst papageienfarbenen Gewand, alt und jung, groß und klein, dünn und nicht selten dick, auf für die Tour de France geeigneten High-Tech-Maschinen, obwohl Schnellfahren auf dem Radweg verpönt ist. Kein Wunder, denn auf dem schmalen Pfad (zumeist dem Leinpfad früherer Schiffahrtstage) ist es an schönen Sommertagen überfüllt wie in einer städtischen Fußgängerzone während des Sommerschlußverkaufes, und – genauso angestrengt – wirft man sich nach einigen Kilometern in den bequemen Gasthausstuhl, ergänzt auf angenehme Weise die unterwegs verlustig gegangene Körperflüssigkeit zum Beispiel mit einer Radlermaß (hier hat sich der Name „Biker" noch nicht durchgesetzt!) und ist danach stolz auf seine Taten, obwohl von den 21 Gängen wieder nur drei zum Einsatz gekommen sind.

Drei Gänge maximal gibt es auch bei der Lahn-Küche, die zwar einige regionale Spezialitäten aus dem Topf zaubert oder den berühmten Baumkuchen im Marburger Café Vetter aus dem Backofen zieht, ansonsten aber kocht man wie bei Muttern oder serviert die üblichen nationalen oder internationalen Magenfüller. Zu trinken gibt es am Oberlauf Bierspezialitäten wie das Braune aus Bad Laasphe, am Unterlauf wächst ein wenig Wein.

An Wirtshäusern und Hotels gibt es an der Lahn wahrlich keinen Mangel; für Rad- und Fußwanderer sind sie untereinander „vernetzt", so daß man völlig unbeschwert von

dem, was man sonst durchs Leben schleppt, frei ausschreiten oder die Pedale treten kann, weil zum Beispiel smarte Marburger oder emsige Emser das Gepäck von einem Haus zum nächsten befördern. Sogar ein Triat*lahn* für Anfänger und Fortgeschrittene wird angeboten, mit den Disziplinen wandern, Kanu und mit dem Rad fahren.

Wegen der fehlenden Radler weit weniger lebensgefährlich als auf der Talpiste ist es auf den beidseitig des Flusses verlaufenden Lahnhöhenwegen: Über Stock und Stein schlängeln sich die mit einem „L" bezeichnete Pfade und Wege vom Quellteich bis zur Mündung und bieten dann und wann herrliche Ausblicke auf den Fluß und weit ins Land. Auf ihnen kann man, bricht man früh genug auf, die Lahn-Landschaft noch als Oase der Ruhe erleben, die trotz der unvermeidlichen Kultivierung viel von ihrer Ursprünglichkeit behalten und sogar zurückerhalten hat, wie zum Beispiel im Bereich des Naturparks Nassau. Von Marburg nach Wetzlar führt der Elisabethpfad, auf dem die Heilige unterwegs gewesen sein soll. Auf Schusters Rappen oder Per pedes apostolorum geht es langsam voran: Die vielfach heftig geäußerte Überzeugung, daß man beim Wandern in einer Stunde mühelos fünf Kilometer weit käme, weiß der eingefleischte Wanderer aus eigener Praxis eindeutig in den Bereich der Fabel zu verweisen. Fünf Stundenkilometer schaffte gerade einmal das preußische Militär beim Marsch auf waschbrettebener Strecke, ohne nach rechts oder links zu sehen... was gerade den Reiz des Wanderns ausmacht, denn nirgends eröffnet sich die Landschaft augenfälliger und detailreicher.

Wer sich an den Baudenkmälern und Kunstwerken des Lahntals entlanghangeln möchte oder touristisches „Fastfood" liebt, nimmt am besten die 1982 eröffnete Lahn-Ferienstraße unter die Räder, deren braunes Schild man allenthalben aufgestellt findet und die 38 Punkte von touristischem Interesse von Siegen bis Koblenz miteinander verbindet. Eine Route der „Deutschen Fachwerkstraße" verläuft durch Marburg, Wetzlar, Braunfels, Weilburg, Hadamar und Limburg. Der Fachmann erkennt das typische Lahnfachwerk an den Mannformen mit genasten und geschweiften Gegenstreben, an den Wellgiebeln und dem reichen Schnitzschmuck. Die „Deutsche Märchenstraße" macht in Marburg Zwischenstation, weil die Märchensammler Jacob und Wilhelm Grimm hier 1802–05 bei dem Rechtsgelehrten Friedrich Carl von Savigny an der Philipps-Universität studierten. Auch die Lahntalbahn schlängelt sich fast den gesamten Flußlauf entlang und läßt mit ihren Panoramawagen die Reise zu einem Erlebnis werden. Wem auch dies noch nicht reicht, kann sich zum Beispiel in Marburg, Gießen, Braunfels und Weilburg mit dem Ballon in die Lüfte erheben oder zu einem Rundflug mit Motor- oder Segelfluzeug starten.

In die Vergangenheit kann man sich in den zahlreichen Heimat-, Kunst-, Industrie- und Kunstgewerbemuseen versetzen, besonders interessant ist das Schaubergwerk „Grube Fortuna" in Solms-Oberbiel. In der Gegenwart stehen die Lahntalbewohner im Hinblick auf Festivitäten keineswegs hinter der allgemeinen deutschen Feierwut zurück; deshalb kann hier nur auf zwei Volksfeste hingewiesen werden, ein besonders orginelles und ein besonders farbenprächtiges.

Alle sieben Jahre feiert Biedenkopf den Grenzgang. Ein solcher war früher unerläßlich, da nur Steine die Grenzen der Ländereien markierten, es keine exakten Karten gab und die Urkunden oft nicht das Papier wert waren, auf dem sie standen, weil man wie der Teufel radierte, ausschabte oder einfach falsch beurkundete. Es ist deshalb im allgemeinen zweifelhaft, ob die Zahlen und Fakten in alten Urkunden, auf die man sich zum Beispiel bei Ersterwähnungen beruft, der Wirklichkeit entsprechen. Kurz: Biedenkopf prüft an drei Tagen im August (letztmals 1998), ob es mit den Grenzen seine Richtigkeit hat. Dies geschieht mit einem traditionellen Festzug, dessen markanteste Figuren zwei Wettläufer, der säbelschwingende Mohr und „Sappeure" (Pioniere) sind. Die axtbewehrten Sappeure hatten vermutlich die Aufgabe, unwegsames Gelände im Verlauf der Grenzen aufzuhauen und diese neu zu markieren, der Mohr soll dem Zug vorausgeschickt worden sein, um den Nachbarn Furcht einzujagen. Die Wettläufer dienten wohl der Nachrichtenübermittlung. – Übertroffen wird die Farbenpracht des Festzuges bei weitem vom Blumencorso in Bad Ems, der in Verbindung mit dem Bartholomäusmarkt jeweils am letzten Augustwochenende stattfindet und die Stadt in eine Art Blütenrausch verfallen läßt. Mehr als dreißig mit Dahlien und anderen Schnittblumen gespickte Motivwagen werden unter jährlich wechselndem Motto durch die Stadt gezogen, lauthals begleitet von zahlreichen Blasmusikern, ohrenbetäubend betrommelt und betanzt von strammen Majoretten. Der Emser ist der drittgrößte Blumencorso der Welt.

„Zwischen Lavater und Basedow / saß ich bei Tisch, des Lebens froh..." So beginnt ein humoristisches Goethe-Gedicht. Der Fünfundzwanzigjährige, der die Lahn seit seinem Aufenthalt in Wetzlar kannte, war mit dem Schweizer Theologen Johann Kaspar Lavater (33) und dem Dessauer Pädagogen und Philanthropin-Begründer Johann Bernhard Basedow (51) im Juli 1774 zu einer Lahnreise mit dem Boot aufgebrochen. Beim Anblick der Burg Lahneck flossen ihm nicht nur edle Verse wie „Hoch auf dem alten Turme steht / Des Helden edler Geist, / Der, wie das Schiff vorübergeht, / Es wohl zu fahren heißt" („Geistes-Gruß") aus der Feder, sondern auch Gelegenheitsreime, wie die oben zitierten, die nach eigener Mitteilung in Erinnerung an „einen wunderlichen Wirtstisch in Koblenz" entstanden sind. Lavater und Basedow nutzen die Mahlzeit zum Austausch theologischer Spitzfindigkeiten, während Goethe, zwischen ihnen sitzend, keineswegs den geistigen Genüssen zugetan ist, sondern schlichtweg frißt, wie er sagt – Salm und Hahn sind aufgetischt worden. Die Schlußverse des Gedichts zitiert Goethe in seiner Autobiographie „Dichtung und Wahrheit" (III,14); in ironischer Anspielung auf das Lukas-Evangelium (XXIV,13ff.) lauten sie:

Und, wie nach Emmaus, weiter gings
Mit Geist- und Feuerschritten,
Prophete rechts, Prophete links,
Das Weltkind in der Mitten.

Fjodor Michajlowitsch Dostojewskij (1821–1881) besuchte wiederholt Bad Ems zur Heilung seines Lungenleidens. Das Städtchen mit seinen 26–56 Grad warmen und heißen Quellen war damals en vogue und schmückte sich mit Beinamen wie „Sommerhauptstadt Europas" und „Paris an der Lahn"; König (später Kaiser) Wilhelm I. war zu dieser Zeit erster „Promi". Kein Wunder, daß es dort auch der Fontaneschen Romangestalt Effi Briest gefallen hat, „wo man doch unter Menschen" ist, „das heißt unter Männern". – Um 1875 entstanden hier Dostojewskijs Roman „Der Jüngling" sowie das sechste und siebte Kapitel der „Brüder Karamasow". Es ärgerte den russischen Gast, der 1867 den autobiographischen Roman „Der Spieler" herausgebracht hatte, daß die Emser Spielbank seit 1872 ausgespielt hatte – einem wirklich adlig-seriösen Publikum konnte man ein derartiges Etablissement wohl nicht zumuten. Anders heute: Bad Ems rühmt sich der ältesten Spielbank Deutschlands, was zweifellos teilweise richtig ist: Gegründet 1720, war sie ab 1872 für 115 Jahre nicht vorhanden und wurde erst 1987 wieder zu neuem Leben erweckt.

Mochte diese hohe Literatur in den häuslichen Bücherschrank und in die öffentlichen Bibliotheken eingehen, waren die „Wirtinnenverse" schon vorher in rauchblauen Herrenzimmern und biergeschwängerten Studentenkneipen in gehörigem Umlauf, von denen die „ernste" Forschung annimmt, daß sie von Marburger Studenten erdacht und trotz aller anderen Wirtshäuser an der Lahn auf dasjenige in Niederlahnstein gemünzt waren. Denn jene überlieferte Katharina Kalkofen soll dort Anfang des 18. Jahrhunderts die Wirtin gewesen sein, die ihre Gäste mit Hingabe bediente, und dies in jeder gewünschten Weise:

Es steht ein Wirtshaus an der Lahn,
Da halten alle Fuhrleut an.
Frau Wirtin sitzt am Ofen,
Die Fuhrleut um den Tisch herum.
Die Gäste sind besoffen.

Aus diesem ersten Vers als Grundmuster entwickelten sich eine Art „Lahn-Limericks" (mit fast gleichem Versmaß wie die erotischen englischen Nonsens-Verse, und immer beginnend mit: „Frau Wirtin hatt'..."), an denen sich Generationen von Nicht-Literaten als Autoren versucht haben. Man kann die Reime auch zu einer traditionellen Melodie singen; weitergegeben wurden sie – aus verständlichen Gründen – nur mündlich. Der Versuch, die drastisch-lustvoll-frivolen Verse, von denen es heute mehr als 800 geben soll, ad usum delphini abzuschwächen, muß ebenso fehlgehen wie jener, die alten Rittersleut aus Grünwald im Isartal in einen Jungfrauenverein umzuwandeln. Dafür aus der Fülle des Beweismaterials hier nur ein (druckfähiges) Beispiel:

Frau Wirtin hatt' auch einen Sohn,
Der wußte mit zehn Jahren schon,
Daß Kartenspiel und kegeln
Bei weitem nicht so reizvoll sind,
Wie sonntagmittags... segeln.

Ohne Quelle keine Lahn

Rechte Seite:
Die romanische Hallenkirche in Feudingen stammt aus der Mitte des 13. Jahrhunderts

Das Quellgebiet der Lahn liegt am Lahnkopf im Rothaargebirge, einer wunderschönen, urwüchsigen und auch heute noch stillen Landschaft. Die Siedlung Lahnhof wurde bereits 1333 als Lonebach und 1749 als Löhn Hoff erwähnt. Der erste größere Ort an ihrem Lauf, Feudingen, präsentiert sich als weitläufiger Erholungsort. Die dreischiffige Basilika aus dem 13. Jahrhundert ist sehenswert. Laasphe, seit 1984 mit dem Zusatz Bad versehen, um die Jahrhundertwende bereits eine anerkannte Sommerfrische, ist schon seit dem 8. Jahrhundert bezeugt. Der malerische Ort widmet sich heute vorwiegend den zahlreichen Gästen, die in den Kurhäusern Linderung der modernen Zivilisationskrankheiten erhoffen. Zeugen der bewegten Vergangenheit des Ortes sind die zahlreichen Fachwerkhäuser aus dem 16.–18. Jahrhundert und das Schloß Wittgenstein, Stammburg und später Residenz der gleichnamigen Grafen. Die größte Radiosammlung der Welt – laut dem Guinness-Buch der Rekorde – ist das Internationale Radio-Museum H. Necker; im Haus des Gastes gibt es darüber hinaus eine Pilzkundliche Sammlung. Auch das Photographisch-Optische Museum in der Burg ist einen Besuch wert.

Die Burg von Biedenkopf wurde Ende des 12. Jahrhunderts errichtet; die Stadt ist seit 1254 bezeugt. 1335 entstand die Neustadt im Tal, die 1717 bei einem Brand fast gänzlich eingeäschert wurde. Bis ins 19. Jahrhundert war Biedenkopf die Stadt der Weber und Färber, wie das Hinterländer Heimatmuseum in der Burg zeigt. Die Bezeichnung „Hinterland“ rührt aus der Zeit, als Biedenkopf von Darmstadt oder Wiesbaden aus regiert wurde und deshalb – salopp gesagt – j.w.d. lag.

Die evangelische Pfarrkirche in Dautphe stammt aus dem 12. Jahrhundert, die Kanzel von 1631 schmücken Intarsienarbeiten. Die ehemalige Zisterzienserinnenabtei von Caldern entstand Mitte des 13. Jahrhunderts, das bemerkenswerte Eichen-Kruzifix ist eine Arbeit des 14. Aus einer Wasserburg ging das Schloß von Cölbe-Schönstadt hervor; der spätgotische achteckige Turm wurde 1618 in Fachwerk erhöht.

Etwas abseits der Lahn am Flüßchen Wettschaft gelegen, zeigt sich Wetter in reichem Fachwerk des 16.-18. Jahrhunderts. Die ehemalige Stiftskirche Sankt Maria entstand 1250–80, der Westturm wurde 1506 angefügt – der heutige Spitzhelm 1958 aufgesetzt. 1962 hat man die ursprüngliche Ausmalung aus der Zeit um 1300 nach alten Resten erneuert.

Der Quellteich am Lahnkopf im Rothaargebirge mit dem Forsthaus Lahnquelle

Schloß Wittgenstein bei Bad Laasphe war der Sitz der Fürsten von Sayn-Wittgenstein-Hohenstein

Rechte Seite:
Bad Laasphe:
der Altstadtbrunnen
in der Königstraße

Das Untere Schloß in Breidenstein stammt von 1712–14

Biedenkopf:
Blick vom Burgberg auf die neugotische evangelische Pfarrkirche von 1885–91

Rechte Seite:
Die spätromanische Kirche in Caldern war bis zum 16. Jahrhundert Gotteshaus eines Zisterzienserinnenklosters

Das Alte Rathaus von Biedenkopf ist ein Fachwerkbau von 1732

Aus einer Wasserburg des 14. Jahrhunderts entstand das Schloß von Cölbe-Schönstadt

Rechte Seite:
Der prächtige Fachwerkbauernhof mit Kratzputzmustern steht in Cölbe-Schönstadt

Blick vom Turm der evangelischen Pfarrkirche (ehemals Stiftskirche St. Maria) auf Wetter

Das Rathaus von Wetter/Hessen

Die Barmherzige und die Alma Mater

Das prächtige Stadtbild von Marburg geht auf die Zeit zurück, als hier die hessischen Landgrafen das Sagen hatten. Das Schloß dominiert den Ort; die Ursprünge lassen sich bis ins 9. Jahrhundert zurückverfolgen - der Ausbau geschah über die Jahrhunderte. Der Saalbau mit dem opulent gestalteten gotischen Fürstensaal, zu dem sich eine hölzerne Prunktür von 1573 mit Schnitzereien und Intarsienarbeiten öffnet, ist ein Werk des 14. Jahrhunderts.

Die Landgräfin Elisabeth von Thüringen (1207-1231) ist mit der Stadt untrennbar verbunden. Vom vierten Lebensjahr an lebte sie auf der Wartburg; sehr früh verheiratet und bald verwitwet, stiftete sie an ihrem Witwensitz Marburg 1228 ein Franziskus-Hospital und widmete sich mit gleichgesinnten Frauen der Armen- und Krankenpflege („Wir müssen die Menschen fröhlich machen"). Bereits 1235 heiliggesprochen, erbaute der Deutsche Orden über ihrem Grab die Elisabethkirche, die mit zu den ersten rein gotischen Kirchen in Deutschland gehört (1235-83). Das Grab war jahrhundertelang Ziel zahlreicher großer Wallfahrten, die Kirche Grablege der bedeutendsten hessischen Landgrafen des 13.-15. Jahrhunderts. Künstlerisch wertvoll sind der Hochaltar von 1290, die Fenster aus dem 13./14. Jahrhundert und der Elisabethschrein von 1233-43, ein eindrucksvolles Zeugnis der zeitgenössischen Goldschmiedekunst. Erhalten von den Gebäuden des Deutschen Ordens sind das Herrenhaus (Mitte des 13. Jahrhunderts), das Brüder- und das Komturhaus.

Seit Landgraf Philipp der Großmütige 1527 die evangelische Universität gründete, wird das Marburger Stadtbild von Studenten beherrscht. Professoren von Rang hielten hier ihre Vorlesungen und Seminare ab, so der Rechtsgelehrte und preußische Staatsmann F. C. v. Savigny, der Chemiker R. Bunsen, P. Natorp und H. Cohen, die Begründer der „Marburger Schule" des Neukantianismus, K. F. Braun, Erfinder der nach ihm benannten Elektronenröhre, und der Hygieniker E. v. Behring. Das Universitätsmuseum zeigt Funde der Frühzeit, kirchliche Kunst des Mittelalters, bürgerliche und bäuerliche Wohnkultur sowie Malerei des 19. und 20. Jahrhunderts.

Bedeutende Sakralbauten sind die Marienkirche von 1190/1200, die Universitätskirche aus dem frühen 14. und die Kugelkirche vom Ende des 15. Jahrhunderts. Teile der Stadtmauer von 1190 sind erhalten. Zahlreiche Steinbauten (zum Beispiel das Hochzeitshaus von 1528 und die Kanzlei von 1573-76) und Fachwerkhäuser (zum Beispiel das fünfgeschossige Haus Schloßtreppe 1 von 1418/1578, der Barockfachwerkbau Barfüßerstraße 11 und das Gründerzeitfachwerkhaus Ritterstraße 3) ergänzen sich zur unverwechselbaren Schönheit des Stadtensembles. Das Rathaus ist ein Bauwerk von 1512/13; der Giebel mit der Uhr wurde 1581/82 angefügt.

Der Elisabethschrein, ein Hauptwerk rheinisch-maasländischer Goldschmiedekunst, wurde 1243 vollendet

Steinrelief am Treppenturm
des Marburger Rathauses
(1524): die heilige Elisabeth
mit Kirchenmodell
und Stadtwappen

Rechte Seite:
Blick durch das Mittelschiff der Elisabethkirche auf den Lettner von 1343

Die Marburger Elisabethkirche aus dem 13.-14. Jahrhundert war eine der ersten rein gotischen Hallenkirchen in Deutschland

Schwerhörige

Wir laden
herzlich ein
zum
PLENUM
am Mi 20.5
Top 1 B&Ms
Top 4 Fetennachlese
Top 7 OP-Konzept
Top 8 Verschiedenes

Del Castello
PIZZA
PASTA

Linke Seite:
In der alten Universität
von Marburg

Malerische Fachwerkhäuser
(16.–19. Jahrhundert) am
Marktplatz von Marburg
und der Marktbrunnen
(Sankt Georg)

Das ehemalige Schloß
der Landgrafen von Hessen,
als Burg 1138 zuerst genannt,
wurde seit 1260
im Lauf der Jahrhunderte
ständig erweitert

Zeugnisse weltlicher und geistlicher Macht

Rechte Seite:
Die ehemalige Steinmühle der Landgrafen von Hessen in Cappel wurde 1526 errichtet

Der Elisabethbrunnen in Schröck wurde bereits 1596 unter Landgraf Ludwig dem Älteren von Hessen-Marburg gefaßt und als zweigeschossiges Renaissance-Brunnenhaus ausgeführt. Die katholische Pfarrkirche Sankt Michael birgt vier Evangelistenfiguren vom Beginn des 18. Jahrhunderts (Johann Neudecker der Ältere, Hadamarer Schule).
Fronhausen mit seinen gepflegten Fachwerkhäusern des 16.–19. Jahrhunderts schmückt sich mit Ober- und Unterburg. Die Oberburg war Amtssitz der Vögte des Reichsstifts Essen, das hier Besitz hatte. Die Familie der Vögte Schenk zu Schweinsberg hat sich bis heute erhalten. Ober- wie Unterburg sind nach umfangreichen Instandsetzungen heute bewohnt. Die evangelische Pfarrkirche mit romanischem Schiff und frühgotischem Chorturm weist eine bemerkenswerte Turmhaube mit vier Wichhäusern, vier Zwerchgiebeln und Wetterfahne auf.
Durch drei Tore gelangt man zur Oberburg von Staufenberg, die nicht lange nach ihrer Erbauung 1273 in den hessischen Auseinandersetzungen mit Mainz zerstört, dann aber wieder aufgebaut wurde. Als die Burgen allgemein ihre strategische Bedeutung verloren hatten, verfiel auch sie; heute sind nur noch wenige Reste der romanischen und gotischen Aufbauten vorhanden. Die Unterburg war ehedem Burgmannensitz, heute beherbergt sie ein Hotel.
Die evangelische Kirche von Lollar-Kirchberg mit ihrer exponierten Lage auf einem Felsen an der Lahn zu Füßen der Burg Staufenberg ist eine zweischiffige gotische Hallenkirche von 1495–1508. Der Turm, der drei Glocken mit den Gießdaten 1310, 1380 und 1432 aufweist, ist älteren Datums als die Kirche. Die aufwendigen Grabdenkmäler mit figürlichem Schmuck aus der Zeit der Renaissance wurden Anfang der sechziger Jahre restauriert.
Die evangelische Pfarrkirche von Wettenberg-Wißmar, die – gemessen an den sonstigen Gotteshäusern der Region – geradezu modern wirkt, wurde 1828–30 von Friedrich Louis Simon, einem Schüler Karl Friedrich Schinkels, im klassizistischen Stil der Zeit erbaut – ein Saalbau mit hohen Bogenfenstern und allseitigen Emporen.
Zur evangelischen Pfarrkirche in Wettenberg-Krofdorf (1271 erwähnt) ist bei Georg Dehio zu lesen: „... flache Bretterdecke mit zwei Längsunterzügen, die auf drei Paar hohen achteckigen Holzpfeilern mit je vier Kopfstreben ruhen; dadurch der Eindruck einer dreischiffigen Halle mit noch durchaus gotischen Höhenproportionen gewonnen: das bedeutendste erhaltene Beispiel einer spätgotischen Holzpfeilerbasilika in Hessen."
Die von allen Seiten beeindruckende Gipfelburg Gleiberg ist ein Werk des 11. Jahrhunderts. Die Oberburg brannte 1646 im Hessischen Erbfolgekrieg aus; die Unterburg wurde im 16. Jahrhundert errichtet. Die ehemalige Burgkapelle aus dem 14. Jahrhundert, in den Burgberg hineingebaut, wurde zur evangelischen Pfarrkirche; die freigelegten Wandmalereien stammen aus dem 15. Jahrhundert. Ein Pendant zu Gleiberg bildet die Burgruine Vetzberg aus dem12. Jahrhundert.

Wegkreuz aus dem 18. Jahrhundert bei Schröck

Die evangelische Kirche in Wolfshausen ist ein romanischer Bau aus dem 11. Jahrhundert

Rechte Seite:
Wuchtig erhebt sich der frühgotische Turm (14. Jahrhundert) der Kirche über Fronhausen

Der 308 Meter hohe Gleiberg mit der gleichnamigen Burg aus dem 11. Jahrhundert

Linke Seite:
Staufenberg:
Blick durch das Burgtor
auf die Oberburg
(1233 erstmals erwähnt)

Die evangelische Kirche
von Lollar-Kirchberg wurde
um die Wende vom 15. zum
16. Jahrhundert erbaut

Rechte Seite:
Die Pfarrkirche von Wettenberg-Krofdorf ist die besterhaltene spätgotische Holzpfeilerkirche in Hessen

Grabdenkmal für Philipp von Rodenhausen (gest. 1605) und seine Frau (gest. 1613) in der Pfarrkirche von Wettenberg-Krofdorf

Wettenberg-Wißmar: Innenraum der von Friedrich Louis Simon 1828–30 gestalteten klassizistischen Kirche

„Der hessische Landbote“ und Liebigs Fleischextrakt

Mitte des 12. Jahrhunderts gründete Graf Wilhelm von Gleiberg eine Wasserburg „Zu den Giezzen“, die Keimzelle der heutigen Stadt, die 1442 die Stadtrechte erhielt. Philipp der Großmütige (1504-1567), der sich zur Lutherischen Religion bekannte, baute die Stadt zur Festung aus und errichtete das Neue Schloß (1533-39). Kaiser Rudolf II. gründete 1607 die Universität, die heute nach ihrem berühmtesten Lehrer und Forscher benannt ist: Justus von Liebig (1803-1873) experimentierte hier über 28 Jahre lang in seinem heute noch erhaltenen Labor. Kunstdünger und Liebigs Fleischextrakt haben die Zeiten als bis heute revolutionäre Produkte überdauert. Wegen seiner revolutionär-demokratischen Flugschrift „Der hessische Landbote“ mußte der Medizinstudent Georg Büchner (1813-1837) das Großherzogtum Hessen verlassen und nach Straßburg fliehen: Der renommierteste deutsche Literaturpreis trägt heute seinen Namen. Ein Denkmal von 1907 beim Stadttheater erinnert an den Physiker Wilhelm Conrad Röntgen (1845-1923), der auf dem Alten Stadtfriedhof begraben liegt.

Im Neuen Schloß, in den dreißiger Jahren des 16. Jahrhunderts errichtet, sind heute Institute der Universität zu Hause, ebenso wie im aufwendigen Zeughaus von 1586-90, das nach der vollständigen Zerstörung im Zweiten Weltkrieg Anfang der sechziger Jahre wiederaufgebaut wurde. Das Alte Schloß mit seinem Bergfried aus dem 14. Jahrhundert wurde um die Jahrhundertwende zum Oberhessischen Museum ausgebaut. 1609 gilt als Gründungsjahr des Botanischen Gartens, des ältesten in Deutschland. Der alte Stadtkern mit seinen prächtigen Fachwerkhäusern wurde im Zweiten Weltkrieg vernichtet. Das Stadttheater mit seiner wuchtigen Fassade erfreut und belehrt die Zuschauer seit 1907.

Von der als Augustinerstift begründeten Deutschordenskomturei Schiffenberg (1329-1809; eine bemerkenswerte Kontinuität über die Jahrhunderte) übrig geblieben sind die romanische doppelchörige Kirche (nach 1129), die Propstei und die Komturei von 1493.

Die alte evangelische Kirche von Heuchelheim überragt der mächtige Chorturm aus der zweiten Hälfte des 13. Jahrhunderts mit Helmaufbau über vier Steingiebeln. Im Turm an der Nordwand ist die ursprüngliche Ausmalung aus der ersten Hälfte des 15. Jahrhunderts fast vollständig erhalten, die einmal mehr zeigt, wie die des Lesens Unkundigen im rechten Glauben unterwiesen wurden. Die Kirche des ehemaligen Prämonstratenserinnenklosters Sankt Maria in Dorlar, 1297 gegründet, hat die Zeiten bei mehrfachem Umbau überdauert, während vom Kloster selbst nur ein Spitzbogentor an der Hauptstraße erhalten ist.

Im klassizistischen Wachhäuschen einer vormaligen Kaserne experimentierte der Chemiker Justus von Liebig (1803-1873)

Folgende Doppelseite:
Das Neue Schloß in Gießen wurde in seinem Kern 1533-39 errichtet

Rechte Seite:
Das gewaltige Zeughaus (85 mal 22 Meter) stammt aus den Jahren 1586-90

Das Arbeitszimmer von Justus von Liebig

Links oben:
Die Kapelle auf dem Alten Friedhof in Gießen wurde im 16. Jahrhundert erbaut

Mitte des 14. Jahrhunderts entstand das Burgmannenhaus der Junker von Rodenhausen

Rechte Seite:
Das Mittelschiff der romanischen Augustiner-Chorherrenstiftskirche Schiffenberg, die von 1323 an dem Deutschen Orden gehörte

Natur und dann und wann Kunst: Der Botanische Garten wurde bereits 1609 angelegt

Heuchelheim:
die alte evangelische Pfarrkirche
mit dem gewaltigen Chorturm
aus dem späten 13. Jahrhundert

Rechte Seite:
Die Kirche des ehemaligen
Prämonstratenserinnenklosters
Sankt Maria in Dorlar, aus der
zweiten Hälfte des 13. Jahrhunderts,
wurde mehrfach umgebaut

Lahnau-Atzbach:
die evangelische
Kirche von 1766/67

Fachwerkbauernhof
in Heuchelheim

Große Literatur und kleine Fotos

Rechte Seite:
Der Wetzlarer „Dom", die ehemalige Stifts- und Pfarrkirche Sankt Maria, ist wegen der verschiedenen Baustile eine Art steinernes Lehrbuch der Kunstgeschichte

Der Reichsadler am Gebäude Fischmarkt/Schwarzadlergasse zeigt an, daß hier zeitweilig das Reichskammergericht untergebracht war

1141 erstmals als „Witflaria" erwähnt, erhielt das heutige Wetzlar 1180 von Kaiser Friedrich Barbarossa reichsstädtische Privilegien. Im 14. Jahrhundert hatte die Stadt rund 5000 Einwohner und war damit unter die „Groß"-Städte zu rechnen. Die weltlichen Herrscher (Reichsvögte, die Grafen von Nassau-Weilburg, von Nassau-Saarbrücken, von Hessen) wechselten in Lauf der Zeit ebenso wie die Ordensgemeinschaften (Franziskaner, Ritter des Deutschen Ordens, Johanniter, Dominikaner, Karmeliter). Das bedeutendste und folgenreichste Ereignis in der Geschichte der Stadt war die Verlegung des Reichskammergerichtes nach Wetzlar, das – 1495 auf dem Wormser Reichstag eingerichtet – als höchstes Zivilgericht den Rechtsfrieden im Heiligen Römischen Reich Deutscher Nation überwachte. Von 1693 bis 1806 wurde in der Stadt an der Lahn Recht gesprochen. Johann Wolfgang Goethe kam 1772 als Rechtspraktikant ans Reichskammergericht; erheblich mehr als um juristische Paragraphen bemühte er sich während dieser Zeit um die Amtmannstochter Charlotte Buff, die allerdings verlobt war. Es gab zu dieser Zeit einen weiteren unglücklich Verliebten in der Stadt: Carl Wilhelm Jerusalem, der sich kurz nach Goethes Abschied aus Wetzlar erschoß. Ergebnis dieser Konstellation: der quasi-autobiographische Briefroman „Die Leiden des jungen Werthers" (1774), der eine Grundwelle europäischer Dimension an literarischen Arbeiten gleichen Genres, Fortsetzungen, Parodien und auch die „Werther-Mode" verursachte, Freitod aus verschmähter Liebe nicht ausgeschlossen. Heute gibt es Museen im Lotte- und im Jerusalemhaus, die ihren Gewinn aus dem viermonatigen Wetzlarer Aufenthalt des Jünglings und nachmaligen Universalgelehrten ziehen.

Weitere Museen spiegeln die reichhaltige Geschichte der heute rund 55 000 Einwohner zählenden Stadt: das Stadt- und Industriemuseum mit der Ur-Leica, der ersten Kleinbildkamera der Welt, mit Ferngläsern von Hensoldt und Mikroskopen von Seibert; dazu das Landwirtschaftliche Museum und das Reichskammergerichtsmuseum. Eine einzigartige Zusammenschau europäischer Wohnkultur aus der Zeit von Renaissance und Barock bietet die Lemmers-Danforth-Sammlung im Palais Papius.
Prägend im Stadtbild ist Wetzlars Dom, der handgreiflich die sieben verschiedenen Baukonzeptionen spiegelt, mit denen Generationen über die Jahrhunderte ihre Vorstellungen eines aufwendigen Gotteshauses verwirklichen wollten: um 1180 begonnen, zeigt er romanische, gotische und spätere Stilformen in rotem und grünem Sandstein; hinzu treten verputzte Mauerflächen. Sehenswert ist auch die Hospitalkirche zum Heiligen Geist, eingeweiht 1764, mit ihrer reichhaltigen Rokokoausstattung und das Alte Rathaus von 1790. Die Alte Lahnbrücke wurde in der zweiten Hälfte des 13. Jahrhunderts errichtet; über sie führte der mittelalterliche Handelsweg von Frankfurt nach Köln. Der Stadtkern wird von prächtigen Fachwerkbauten geprägt, darunter das älteste der Stadt von 1356 (Brodschirm 6), ein dreigeschossiger Wandständerbau mit Hängepfosten.

Linke Seite, oben:
Das romanische Südportal des Wetzlarer Doms wurde in der zweiten Hälfte des 13. Jahrhunderts errichtet, das unvollendete spätgotische Westportal um 1370

Linke Seite, unten:
Im Vorderflügel des Deutschordenshofes wurde 1753 Charlotte Buff geboren, die als Vorbild der weiblichen Hauptperson in Goethes Briefroman „Die Leiden des jungen Werthers" (1774) weltberühmt wurde

Folgende Doppelseite:
Die Wetzlarer Lahnbrücke taucht erstmals 1313 in einer Urkunde auf

Das Jerusalemhaus (Schillerplatz 5; Museum): Karl Wilhelm Jerusalem, der sich 1772 wegen einer unglücklichen Liebe erschoß, wurde zu Goethes literarischem „Werther"

Treppenhaus im ehemaligen
Reichskammergericht

Die Sanduhr (um 1770) diente zur Begrenzung der Redezeit während der Sitzungen des Reichskammergerichts

Fachwerkhäuserzeile am Kornmarkt, dem besterhaltenen Platz der Wetzlarer Altstadt

Verwaltungsgebäude der alteingesessenen Wetzlarer Eisenwarenfirma Buderus

Das Fachwerkhaus am Eisenmarkt war das erste Motiv, das der bei Leitz beschäftigte Werkmeister Oskar Barnack 1914 mit seiner Ur-Leica im Kleinbildformat aufnahm

Ernst Leitz jun. (1871-1956) produzierte ab 1926 die Kleinbildkamera Leica in Serie. Das sehenswerte Wetzlarer Industriemuseum präsentiert die Ur-Leica von 1914

Nostalgie über und unter Tage

Das ehemalige Prämonstratenserinnenkloster Altenberg, zwischen 1164 und 1179 gegründet, wurde durch Kaiser Friedrich Barbarossa reichsunmittelbar. Seine Blütezeit erlebte es in der zweiten Hälfte des 13. Jahrhunderts, als die dritte Tochter der heiligen Elisabeth, die selige Gertrud, Äbtissin war. Die Kirche weist wertvolle Fresken aus der Zeit um 1300 auf, so eine Marienkrönung. Das Kloster ist heute Mutterhaus der Königsberger Diakonissen.

Im Lahn-Dill-Gebiet hatte der Eisenerzabbau eine lange Tradition – während der Blütezeit gab es hier 115 Gruben. Die Grube Fortuna in Solms-Oberbiel wurde 1983 als letztes Bergwerk der Region stillgelegt und zum Besucherbergwerk umgestaltet. Über und 150 Meter unter Tage wird der Ablauf der Eisenerzgewinnung originalgetreu vorgeführt. Das Feld- und Grubenbahnmuseum zeigt über 30 historische Dampf-, Diesel-, Akku-, Fahrdraht- und Druckluftlokomotiven.

Burg Braunfels, seit 1246 urkundlich belegt, war seit 1280 Stammsitz der Grafen und Fürsten zu Solms. Nach 1409 teilte sich die Familie in die Hauptlinien Lich und Braunfels, der Braunfelser folgte die Greifensteiner Linie, in deren Besitz das Gebäude heute noch ist. Den Bergfried bekam es erst 1885, als es mit Türmchen und Zinnen im Sinne der „Romantik" zum Schloß ausgebaut wurde. 1607 erhielt Braunfels die Stadtrechte. 1679 vernichtete ein Brand große Teile der Stadt. Anfang des 18. Jahrhunderts wurde der Marktplatz planmäßig mit zweigeschossigen Fachwerkhäusern neu angelegt: Die harmonische Verbindung von Schloß und malerischem Ortskern bewirkt den besonderen optischen Reiz des Städtchens.

Lahnabwärts von Wetzlar liegt das ehemalige Prämonstratenserinnenkloster Altenberg, gegründet Mitte des 12. Jahrhunderts

Die evangelische Pfarrkirche von Leun mit dem wehrhaften Turm aus dem 14. Jahrhundert wurde im 16. Jahrhundert in ihre heutige Form gebracht. Ins Auge fallen an einigen Häusern die Aushängeschilder, die meist aus der zweiten Hälfte des 18. Jahrhunderts stammen. Das Stadtmuseum zeigt alte landwirtschaftliche Geräte und Wohnkultur aus der Zeit von 1890 bis 1950.

Löhnberg ist 1254 als „Heimau" nachgewiesen. Die „Laneburg" wurde 1320 von Graf Johann von Nassau-Dillenburg erbaut. Zum Schloß umgestaltet, brannte sie 1900 völlig ab und ist seitdem Ruine. Die evangelische Pfarrkirche des Ortes zeigt ein großes Deckengemälde, das möglicherweise von dem italienischen Maler Lazarus Maria Sanguinetti stammt, der unter anderm in Weilburg und Koblenz tätig war (Anfang des 18. Jahrhunderts).

Kirche Sankt Maria des Klosters Altenberg: die Orgel von 1757

Die Ausmalung der Kirche aus dem späten 13. Jahrhundert wurde 1949/50 freigelegt und restauriert: die Marienkrönung

ZUM SOLMSER HOF

Der Hauptturm des
Braunfelser Schlosses
stammt von 1884

Linke Seite, oben:
Die markante Silhouette des Braunfelser Schlosses, die bei umfassenden Renovierungsarbeiten im 19. Jahrhundert entstanden ist.

Linke Seite, unten:
Blick über den Marktplatz zum „Eisernen Tor“ des Schlosses

Das Stollenmundloch des Besucherbergwerks „Grube Fortuna“ in Solms-Oberbiel

Folgende Doppelseite:
Der Braunfelser Marktplatz wurde nach einem Stadtbrand 1696-1712 in einheitlicher Bauweise neu angelegt

Durchblick im
Braunfelser Schloß

Strickliesel
Eis

Kosmetik
und

SELTERS

KOHLEN - SÄURE - WERK
DES
SELTERSSPRUDEL
AUGUSTA - VICTORIA
19
02

Leun: Der gotische Turm der evangelischen Pfarrkirche (14. Jahrhundert) und eines der zahlreichen sorgfältig restaurierten Fachwerkhäuser

Linke Seite:
Mineralwasser aus Selters ist weltweit ein Begriff: Kohlensäurewerk und Abfüllanlage

Schloß Löhnberg stammt aus der Mitte des 16. Jahrhunderts; seit einem Brand im Jahr 1900 ist es Ruine.

Lahnbarock und Perltropfsteine

Die alljährlich im Sommer stattfindenden Weilburger Schloßkonzerte bestechen nicht nur durch die Brillanz der musikalischen Darbietungen, sondern auch durch die unnachahmliche Atmosphäre der Kulisse: Der vierflügelige Renaissance-Innenhof des Schlosses, entstanden 1535-85 (das Pflaster ist von 1702/03), sucht wegen seiner architektonischen Geschlossenheit seinesgleichen.
Zuerst erwähnt 906 als „Wilineburch“, erhielt der befestigte Ort 1295 die Stadtrechte und war seit 1355 die Residenz der Grafen von Nassau-Weilburg, die 1739 gefürstet wurden und 1816 ihre Residenz nach Wiesbaden verlegten. Nach dem Deutschen Krieg von 1866 – Nassau-Weilburg war mit den unterlegenen Österreichern verbündet – fiel das Land an Preußen. Heute gehört das Schloß dem Land Hessen.
Die barocken Erweiterungen aus der ersten Hälfte des 18. Jahrhunderts fügen sich harmonisch in das Gesamtbild ein: der terrassierte Schloßpark, die Obere Orangerie mit dem von Carlo Maria Pozzi stuckierten Festsaal, die Untere Orangerie, deren Fensterfront der Fassade des Grand Trianon in Versailles nachgestaltet wurde, die Kanzlei, das Fürstlich Nassau-Weilburgische Regierungsgebäude am Schloßplatz (jetzt Bergbau- und Stadtmuseum mit einem sehenswerten Schaustollen), die „Ökonomie“ um den Viehhof (heute Stadthalle und Schloßhotel). Der Hofarchitekt Julius Rothweil entwarf auch die Schloßkirche (1707-13), die Vorbild für viele Kirchenbauten der Zeit war und mit dem Alten Rathaus unter einem Dach vereint ist, sowie das Jagdschloß Windhof (1713-26), die Sommerresidenz, für die er französische und holländische Schlösser zum Vorbild nahm. Die Lahnbrücke wurde in den Jahren 1764-69 errichtet.
Eine bautechnische Leistung einmaliger Art in Deutschland ist der Weilburger Schiffstunnel, der 1841-47 gegraben wurde: Er durchsticht den Bergesrücken, der die Lahn nach ihrer Umrundung des Schloßberges nur um rund 200 Meter Luftlinie davon abhält, zu sich selbst zurückzukehren. Die Wasserspiegelhöhe zwischen Ein- und Ausfahrt beträgt 4,65 Meter, deshalb mußte eine Kuppel- oder Doppelschleuse in den Tunnel eingebaut werden. Wegen des losen Gesteins wurde der gesamte Durchstich mit 32 000 Ziegel- und weiteren Bruchsteinen ausgemauert; nicht zuletzt deshalb war er nach Fertigstellung dreimal so teuer wie ursprünglich geplant; nach heutiger Währung rund 12,5 Millionen DM. Auch für die Freizeitkapitäne unserer Tage ist die Durchfahrt noch immer ein besonderes Erlebnis.
Attraktiv für Tierfreunde ist der 92 Hektar große Wildpark Tiergarten, der ursprünglich als „Speisekammer“ für den Weilburger Grafen vor rund 400 Jahren angelegt worden war. 1974 entdeckte man die Kubacher Kristallhöhle, die sich heute eines regen Besucherzuspruchs erfreut. Mit 30 Metern präsentiert sie die höchste Halle aller deutschen Schauhöhlen. Die Wände sind mit Calcitkristallen und Perltropfsteinen überzogen; ein Steinemuseum zeigt Monolithe aus den verschiedenen Epochen der Erdgeschichte.

Die evangelische Schloßkirche am Marburger Marktplatz ist ein Werk von Julius Ludwig Rothweil (1707-13); verbunden ist sie mit dem Rathaus. Davor erhebt sich der Neptunbrunnen von 1709.

Altar, Kanzel und Orgel
der Weilburger Schloßkirche

Folgende Doppelseite:
Lahnpanorama des
Weilburger Schlosses,
dessen Anlage aus dem
17./18. Jahrhundert
unverändert erhalten ist

Ein Genuß für Auge und Ohr:
die sommerlichen Weilburger
Schloßkonzerte

Die Obere Orangerie des Weilburger Schlosses wurde 1703–05 nach holländischen und französischen Mustern erbaut

Rechte Seite:
Einmalig in seiner Art in Deutschland: der 210 Meter lange Weilburger Schiffstunnel von 1847

Wappen am Westturm des Weilburger Schlosses

Die Stukkaturen der Oberen Orangerie sind ein Werk von Carlo Maria Pozzi (1704)

Rechte Seite:
Schloß Windhof bei Weilburg wurde 1713–26 als gräfliches Jagdschloß von Julius Ludwig Rothweil erbaut.

Die Gaststätte „Hessenhaus“ im Wildpark Weilburg

Calcit-Formationen in der 1974 entdeckten Kubacher Kristallhöhle

Marmor für die Eremitage

Die Burg Freienfels, Ersterwähnung 1327, war von 1466 bis 1687 Wohnsitz der Grafen von Schönborn, die ursprünglich wohl aus dem gleichnamigen Ort südwestlich von Limburg stammten. Aus ihren Reihen gingen im 17. und 18. Jahrhundert die bekannten Kirchenfürsten von Mainz, Trier, Speyer, Bamberg und Würzburg hervor, die zu den bedeutendsten Auftraggebern für Bauwerke im Stil des deutschen Barock zählten. Erinnert sei nur an die Würzburger Residenz, an die Kirche Vierzehnheiligen und an Kloster Banz.

Vor 380 Millionen Jahren, als das heutige Europa noch von Wasser bedeckt war, entstand das „Marmor"-Riff von Villmar. Streng geologisch gesehen, ist der Marmor bloß Kalk. Durch vulkanische Tätigkeit wurden Steinsattel gebildet, die bis knapp unter die Meeresoberfläche reichten. Das Riff baute sich vorzugsweise durch Stromatoporen auf, eine heute ausgestorbene Art von Meereslebewesen. Im Lauf der Erdgeschichte wurden die Riffe durch den Druck bei der Auffaltung der Gebirge verfestigt. Auf Hochglanz poliert, erhält der Stein ein dekoratives, kostbares Aussehen, so daß er in den Domen von Berlin, Mainz und Würzburg, ja sogar in der Eremitage in Sankt Petersburg, im Moskauer Kreml und im Empire State Building in New York Verwendung fand. Die Villmarer Brücke, 1895 erbaut, besteht vollständig aus diesem Stein; ein Lahn-Marmor-Museum befindet sich zur Zeit im Aufbau.

Seit der Zerstörung im Dreißigjährigen Krieg ist die Runkeler Burg eine Ruine; sie kann in ihrer Monumentalität als ein Inbegriff deutscher Ruinenromantik gelten. Die teilrestaurierte Unterburg ist bis heute im Besitz der Familie zu Wied, deren Ahnen die Burg in früheren Zeiten als Herren von Runkel bevölkerten. Im Burgmuseum werden unter anderem Gemälde, Möbel und Waffen gezeigt, unter anderem auch der durchlöcherte Harnisch des Grafen Maximilian Heinrich zu Runkel, der 1706 im Streit mit einem entfernten Verwandten aus der hoch über dem anderen Lahnufer liegenden Trutzburg Schadeck ums Leben kam.

Schadeck wurde 1288 von Heinrich von Westerburg errichtet; nach ihrem teilweisen Abbruch zu Beginn des 19. Jahrhunderts dient sie

„Mittelalterliche" Ritterspiele in der Burgruine Freienfels

heute als Wohngebäude. Im Sommer 1998 feierten die Runkeler mit Musik, Theater, Gedenkmedaille und einem „Historischen Brückenmarkt“ den 550. Geburtstag ihrer Brücke, die als einzige an der Lahn noch vollständig in ihrer ursprünglichen Substanz erhalten ist.

Auf dem Beselich stand vor Zeiten ein Prämonstratenserinnenkloster, von dem nur einige Mauern geblieben sind. Die Marien-Wallfahrtskapelle ist ein Bau von 1764-67, der Turm kam erst im 19. Jahrhundert hinzu. Das Schloß in Dehrn mit dem runden Bergfried war im Besitz der Grafen von Diez und später dann bis 1737 Eigentum der seit 1190 nachweisbaren Frey von Dehrn.

Lubentius lebte im 4. Jahrhundert als Missionar an der Mosel; seine Gebeine sind wohl im 8. Jahrhundert nach Dietkirchen übertragen worden. Seit dieser Zeit wurde die ehemalige Stiftskirche Sankt Lubentius und Juliana in Dietkirchen mehrfach erweitert, bis sie in der zweiten Hälfte des 12. Jahrhunderts zu der heute noch bestehenden Emporenbasilika umgebaut wurde. Durch ihre exponierte Lage auf dem Felsvorsprung wirkt sie wehrhaft wie eine Festung.

Der Steinmetz vor dem Villmarer Rathaus ist ein Symbol für die jahrhundertealte Marmorindustrie

Oben rechts:
Das Denkmal für den Weilburger König Konrad I. (911–918) erhebt sich seit 1894 hoch über der Lahn bei Villmar

Der Villmarer „Marmor“ ist – geologisch gesehen – Massenkalk

Ganz aus dem heimischen Marmor besteht die Villmarer Lahnbrücke von 1895, die einzige große Marmorbrücke in Deutschland

Historisch-nostalgisch geht es alle zwei Jahre am zweiten Samstag im Juli beim Beselicher Markt zu

Oldtimertreffen beim Traktorclub „Ackerkralle“ in Beselich-Niedertiefenbach

Linke Seite: Die katholische Wallfahrtskapelle von Beselich-Niedertiefenbach wurde 1767 vollendet

Folgende Doppelseite: 1998 feierten die Runkeler den Sommer über den 550. Geburtstag der Lahnbrücke, die vollständig in ihrer ursprünglichen Substanz erhalten ist

Die Burg Runkel stammt aus der Mitte des 12. Jahrhunderts; die Kernburg ist seit 1634 Ruine. Burg Schadeck auf der Höhe wurde 1288 als Trutzburg gegen Runkel errichtet

Runkel:
Fachwerkhäuser
in der Burgstraße

Rechte Seite:
Die ältesten Teile des Bergfrieds des Schlosses von Dehrn stammen wahrscheinlich aus dem 11. Jahrhundert

Die rund 600 Jahre alte Eiche im Schloßpark von Dehrn hat gegenwärtig einen Stammumfang von 7,37 Metern

Wie eine Burg thront
die ehemalige Stiftskirche
Sankt Lubentius und Juliana
in Dietkirchen über der Lahn;
die ältesten Teile gehen
auf die erste Hälfte des
8. Jahrhunderts zurück

Linke Seite:

Oben links:
„Die Pfalz“: ehemaliges
Burgmannenhaus in Dehrn

Oben rechts:
Die Nikolauskapelle in
Dehrn, Ersterwähnung 1327

Unten links:
Das silbervergoldete
Kopfreliquiar des heiligen
Lubentius stammt von
1270/1477

Unten rechts:
Dietkirchen:
Sankt Lubentius und Juliana:
Romanisches Taufbecken aus
dem 13. Jahrhundert, der
Holzaufbau wurde rund 400
Jahre später hinzugefügt

Rechte Seite:
Das am stärksten beeindruckende Bauwerk im Lahntal: Der 1235 geweihte Limburger Dom läßt auf der Grundlage des romanischen Stils bereits die Bauformen der kommenden Gotik erkennen

Folgende Doppelseite:
Auf dem östlichen Rand des Domfelsens erhebt sich die ehemalige Burg der Herren von Ysenburg-Limburg, deren Anfänge im 13. Jahrhundert liegen

Ein Gotteshaus aus einem Guß

Zu dem imposanten Limburger Dom riskiert man immer einen Blick, auch wenn man ständig auf der A3 Richtung Frankfurt oder Köln unterwegs ist. Als Stiftskirche Sankt Georg 1235 geweiht, stellt sich das Bauwerk, das in seiner Substanz nicht so einheitlich ist, wie es auf den ersten Blick erscheint, außen spätromanisch, innen vorwiegend frühgotisch dar. Außen- und Innenrenovierung in den sechziger und siebziger Jahren haben dem Dom (Limburg ist seit 1827 Bischofssitz) weitgehend sein mittelalterliches Erscheinungsbild wiedergegeben. Dabei wurde auch die originale Malerei des 13. Jahrhunderts wieder freigelegt; sie präsentiert sich heute – zum Beispiel mit dem Fresco „Christus als Weltenrichter“ – als eine der umfangreichsten und besterhaltenen in Deutschland. Der Taufstein aus der Erbauungszeit, das spätgotische Hängekreuz und der Annenaltar vom Ende des 15. Jahrhunderts sind nur einige Beispiele der wertvollen Ausstattung, die ihre Fortsetzung im Diözesanmuseum findet: Sein größter Schatz ist die „Staurothek“ (von altgriechisch stauros = Hinrichtungsholz, und theke = Kasten) aus der zweiten Hälfte des 10. Jahrhunderts, eine byzantinische Goldschmiedearbeit, die Partikel des Kreuzes Christi enthalten soll. Das wertvolle Gefäß wurde 1204 von den Kreuzfahrern in Konstantinopel geraubt und dem heute nicht mehr bestehenden Kloster Stuben (bei Bremm an der Mosel) geschenkt; über Koblenz kam es 1827 nach Limburg.
Limburg wurde an einer Lahnfurt gegründet, erhielt die Stadtrechte um 1200 und war im Schnittpunkt wichtiger Handelsstraßen (Hohe Straße, Hühnerstraße, Hessenstraße, Koblenzer Straße) ein bedeutender Umschlagsort; zwischen 1315 und 1340 wurde die steinerne Brücke errichtet. In der Fahrgasse gab es eine Engstelle; in Frankfurt und Köln mußten die Wagen so geladen werden, daß sie diesen Engpaß ohne Umladen passieren konnten. Den einstigen Reichtum dokumentieren noch heute die zahlreichen Stein- und Fachwerkhäuser, die zumeist im Erdgeschoß eine große Halle besitzen, die zu Handels- oder Handwerkszwecken genutzt wurde. Bemerkenswert ist der Walderdorffer Hof, der im Kern aus einem mittelalterlichen Wohnturm und einer Baugruppe von 1665 mit repräsentativem Innenhof mit Arkaden sowie einem rückwärtigen Wirtschhaftstrakt besteht. Da das Stadtzentrum, das vollständig unter Denkmalschutz steht, der Zerstörung im Zweiten Weltkrieg entgangen ist, präsentiert es sich heute fast im gleichen Zustand wie im 17. Jahrhundert; so zum Beispiel das Schloß aus dem 13./14. Jahrhundert, das auf eine Burg aus dem 7./8. zurückgeht, die Stadtkirche Sankt Sebastian mit ihrer barocken Ausstattung und die Sankt-Anna-Kirche, die in ihrer heutigen Form von 1650/52 stammt, aber ein wertvolles Glasfenster aus der Mitte des 14. Jahrhunderts mit einer Bilderfolge aus dem Neuen Testament besitzt.

Die Türme des Limburger Domes: nicht symmetrisch, trotzdem voller architektonischer Harmonie

Oben links:
1974–77 wurde der Dom außen wie innen restauriert, dabei wurde die übertünchte originale Fresko-Ausmalung des 13. Jahrhunderts freigelegt

Limburger Domschatz: Das Kreuzreliquiar, die sogenannte Staurothek, ist eine byzantinische Arbeit aus der 2. Hälfte des 10. Jahrhunderts

Rechte Seite:
Das Fahrgastschiff „Wappen von Limburg“ bei voller Fahrt und in der Schleusenkammer der Limburger Schleuse

Giebel und Dachreiter des Neuen Rathauses von Limburg

WAPPEN VON LIMBURG
Fahrgastschiffahrt Heldmann Limburg
WAPPEN VON LIMBURG
LIMBURG

Reichverzierte
Fachwerkhäuser
in der Limburger Altstadt

Das Haus Römer 2–6,
1289 errichtet, 1583 umgebaut

Rechte Seite:
Die Sankt-Anna-Kirche geht auf
das 14. Jahrhundert zurück

Oben links:
Erker am Wirtschaftshof des Walderdorffer Hofes (1665–81)

Die Steintafel zeigt die Hochwasserstände der Lahn seit dem Jahr 1255

Rechte Seite:
Der 1985 errichtete siebeneckige Brunnen repräsentiert die Stadtteile Ahlbach, Dietkirchen, Eschhofen, Lindenholzhausen, Linter, Offheim und Staffel

Die Alte Lahnbrücke von Limburg wurde gegen 1340 vollendet; der Brückenturm gehörte zur mittelalterlichen Stadtbefestigung

Flohmarkt in der Limburger Altstadt

UNTER

Rechte Seite:
Die Liebfrauenkirche von Hadamar, 1379 erbaut, 1597-1602 restauriert

Schlösser und Burgen wie aus dem Bilderbuch

Unweit der Lahn liegt Hadamar, 832 zuerst erwähnt, 1324 mit den Stadtrechten versehen. Um 1540 verwüstete ein Feuer die mittelalterliche Stadt, die dann ab 1600 planmäßig um zwei rechteckige Marktplätze neu aufgebaut wurde. Vielfältige Zeugnisse ihres Wirkens hat hier und im weiteren Umkreis die Hadamarer Bildhauerschule hinterlassen, die ihre Blütezeit unter Prinz Franz Bernhard von Nassau-Hadamar erlebte und mit Namen wie Johann Neudecker (Vater und Sohn), Martin Volk und Johann Theodor Düringer verbunden ist. Die katholische Liebfrauenkirche (Totenkirche genannt) stammt noch aus der Zeit vor dem Stadtbrand (vor 1379); die dreischiffige gotische Hallenkirche weist eine gute Ausstattung (u.a. mit Figurengruppen von Martin Volk) auf. Bemerkenswert sind auch die Kirche Sankt Johannes von Nepomuk (1753-56) und Sankt Ägidius (1658-66), die beide Klöstern zugehörten. Das imposante Schloß ging aus einem Hof hervor, der 1323 von Graf Emich I. von Nassau-Hadamar zu einer Wasserburg umgestaltet und nach dem Stadtbrand von 1540 im Stil der Renaissance völlig neu aufgebaut wurde. Im Inneren weist es Stuckdecken von Eugenio Castelli auf. Das Rathaus wurde 1638 als Wohnhaus erbaut; seit 1818 dient es dem Rat. Zahlreiche Fachwerkhäuser aus dem 17. Jahrhundert sind erhalten. Die Kapelle auf dem Herzenberg weist ein Madonnen-Gnadenbild aus dem 15. Jahrhundert auf. Der achteckige Chor wurde 1675 erbaut und 1690/91 um das Schiff erweitert.

Das Elzer Rathaus stammt von 1563, die katholische Pfarrkirche Johannes der Täufer von 1852-54. Die beiden barocken Seitenaltäre standen früher im Limburger Dom und wurden während dessen originalgetreuer Restaurierung 1975 nach Elz verbracht.

Auf den Ruinen eines ehemaligen Benediktinerinnenklosters entstand 1672-84 Schloß Oranienstein in Diez. 1696 erhielt das Schloß seine bis heute überkommene Barockform. Nach der Auflösung des Fürstentums Oranien durch Napoleon I. kam es später zu Preußen; heute gehört es der Bundesrepublik. Im Innern gibt es hervorragende Stuckarbeiten von Eugenio und Cypriano Castelli, die von dem Niederländer Jan van Dyck mit Fresken ausgemalt wurden. Die ehemalige Stiftskirche Sankt Maria und Johannes Baptist von 1289 ist eine dreischiffige gotische Hallenkirche. Sie zeigt eine Reihe Bildnisgrabsteine und den Prunksarkophag der Fürstin Amalie von Nassau-Diez (1726). Das Diezer Schloß, in der zweiten Hälfte des 11. Jahrhunderts erbaut, war 1607-1743 Residenz der Grafen und späteren Fürsten von Nassau-Diez. Neben dem dreistöckigen Alten Fachwerkrathaus haben sich zahlreiche bemerkenswerte Fachwerkbauten im Stadtkern erhalten.

Die imposante Schaumburg stammt aus dem 12. Jahrhundert; nach häufigem Besitzerwechsel wurde sie 1850-55 für Erzherzog Stephan von Österreich im romantischen Stil englischer Neogotik umgestaltet. Balduinstein wurde 1320 als Trutzburg gegen die Schaumburg von Balduin von Luxemburg, dem Erzbischof von Trier, errichtet. Als sie ihre strategische Bedeutung verloren hatte, verfiel sie zur Ruine.

Das Schloß der Grafen von Nassau-Hadamar, erbaut 1612-29

Links:
Gotisches Netzgewölbe
im Mittelschiff der
Liebfrauenkirche in Hadamar

Rechts:
Evangelistenrelief von Martin
Volk an der Kanzel der
Liebfrauenkirche (1743)

Hadamar: die Kapelle
auf dem Herzenberg
wurde 1675 erbaut

Die katholische Pfarrkirche Sankt Johannes der Täufer in Elz stammt aus der Mitte des 19. Jahrhunderts

Das Diezer Schloß gehörte im Lauf seiner Geschichte seit der zweiten Hälfte des 11. Jahrhunderts vielen Adelsgeschlechtern

Folgende Doppelseite:
Der „Blaue Saal“ in Schloß Oranienstein mit der Stuckdecke von Cypriano und Eugenio Castelli

Diez: Schloß Oranienstein vom Ende des 17./Anfang des 18. Jahrhunderts (Louis-XIV.-Stil)

Vorsicht
Stufe!

STAATL. FACHINGEN

GDB
Deutscher Brunnen
STAATL. FACHINGEN
STAATL. FACHINGEN
HEILWASSER
REICH AN LEBENSWICHTIGEN MINERALSTOFFEN, BESONDERS HYDROGENCARBONAT UND MAGNESIUM, KOHLENSÄUREARM, GESUNDHEITS- UND LEISTUNGSFÖRDERND, WOHLSCHMECKEND UND BEKÖMMLICH
MEHRWEG

EGENOLF
KS

Mitte des 19. Jahrhunderts im Stil der englischen Neugotik umgestaltet, liegt Schloß Schaumburg stattlich auf einem flachen Bergkegel

Linke Seite:
„Staatlich Fachingen“: ein Weltbegriff für Heilwasser

Landmaschinen auf der „Westa“, der Westerwald-Taunus-Ausstellung, die im April 1998 zum fünfzehntenmal in Elz stattfand

Burg Balduinstein, 1320 durch Balduin von Luxemburg, Erzbischof von Trier, erbaut, wurde in der Mitte des 17. Jahrhunderts zur Ruine

Geistliche Herrschaften und mittelalterliche Mauern

Rechte Seite:
Die viertürmige Kirche Sankt Maria und Nikolaus aus dem 12./14. Jahrhundert bildet den Mittelpunkt von Kloster Arnstein hoch über der Lahn

Holzappel war unter dem Namen Esten Mittelpunkt der seit dem 10. Jahrhundert bekannten Esterau, die zum Besitz der Laurenburg-Nassauer Grafen gehörte. Nach wechselnden Herrschaften erhielt sie den neuen Namen, als der kaiserliche Heerführer Peter von Melander sie im 17. Jahrhundert als „Grafschaft Holzappel" erwarb und in den Reichsgrafenstand erhoben wurde.

Kloster Arnstein, errichtet über einer fast völlig verschwundenen Burg, entstand in der Mitte des 12. Jahrhunderts, als der letzte Graf von Arnstein seinen Stammsitz dem Prämonstratenserorden überließ und selbst dem Orden beitrat. Eindrucksvoll thront die viertürmige romanische, gotisch erweiterte Kirche Sankt Maria und Nikolaus aus dem 12./14. Jahrhundert auf der Lahnhöhe. Die Pfeilerbasilika mit zwei Chören erhielt im 18. Jahrhundert eine prächtige Rokokoausstattung; in den sechziger Jahren unseres Jahrhunderts wurde sie innen wie außen vollständig renoviert. Arnstein ist seit 1919 Kloster der Genossenschaft vom Heiligsten Herzen Jesu.

1159 erhielten die Grafen von Laurenburg-Nassau (Ersterwähnung 790) die Burg Nassau als Trierer Lehen, nannten sich seitdem „von Nassau" und stiegen bis zur Herzogswürde auf (1806). Ihre Nachkommen schmücken noch heute die Throne der Niederlande und Luxemburgs. Die Burg wurde Anfang des 12. Jahrhunderts errichtet; erst um 1980 hat man den Palas und den bemerkenswerten Bergfried mit den vier Wichhäusern rekonstruiert. Im Hang unter der Burg liegt die Ruine der Burg Stein, die mehr und mehr zerfiel, als sich 1621 die Steins ein Stadtschloß errichteten. Hier wurde 1757 Freiherr Heinrich Friedrich Karl vom und zum Stein geboren, der als preußischer Staatsmann in die Geschichte eingegangen ist. In seiner „Nassauer Denkschrift" von 1807 entwickelte er Vorschläge zur Reform der Staatsbehörden und verlangte die Mitwirkung der Bevölkerung bei der Verwaltung der Gemeinden und Provinzen. 1814–18 ließ er zur Erinnerung an die deutschen Befreiungskriege gegen Napoleon I. seinem Schloß den achteckigen neugotischen Turm anbauen. Er verstarb 1831; die Steinsche Gruftkapelle befindet sich auf dem Friedhof im stromabwärts gelegenen Frücht. Der Adelsheimer (früher Adolzheimer) Hof, 1607–09 von Adam Freiherr vom und zum Stein errichtet, ist ein prächtiger dreistöckiger Fachwerkbau, der seit 1912 als Rathaus dient. 1945 schwer beschädigt, wurde er mit großem Aufwand wiederhergestellt.

Dausenau, dessen mittelalterliche Ummauerung aus dem frühen 14. Jahrhundert weitgehend erhalten ist, weist mit seinem Alten Rathaus von 1432/34 das zweitälteste Fachwerkrathaus Deutschlands auf (nach Eßlingen). In der evangelischen Pfarrkirche Maria und Sankt Kastor sind umfangreiche Reste der originalen Ausmalung aus dem 14. Jahrhundert erhalten. Auffallend im Ortsbild ist der achteckige schiefe Turm der früheren Stadtmauer, dessen Dach und Obergeschoß 1950 aus Sicherheitsgründen abgetragen werden mußten.

Holzappel: das Goethehaus am Markt – der Dichter besuchte den Ort am 23. Juli 1815; der Bärenbrunnen stammt von 1734

Rechte Seite:
Hauptschiff und Chor
der Arnsteiner Klosterkirche
mit einer Rokokokanzel
von 1757

Die Weinlage „Goetheberg"
in Obernhof und eine
1996er trockene Spätlese

Nassau:
Der prächtige Adelsheimer (früher: Adolzheimer) Hof, 1607–09 erbaut, dient heute als Rathaus

Rechte Seite:
Ein Wahrzeichen der Stadt ist der Bergfried der Burg Nassau (12. Jahrhundert)

Bei jeder Hochwassermeldung von der Lahn genannt: der Pegel von Kalkofen

Rechte Seite:
Die Fenster der evangelischen Johanneskirche (spätromanischer Chorturm) in Nassau wurden 1953 von Rudolf Fuchs aus Diez mit Glasbrandmalerei geschmückt

Denkmal für den in Nassau 1757 geborenen Reichsfreiherrn Heinrich Friedrich Karl vom und zum Stein (1951)

Die evangelische Pfarrkirche Maria und Sankt Kastor in Dausenau ist eine gotische Emporenhallenkirche aus der ersten Hälfte des 14. Jahrhunderts

Rechte Seite:
Die 1000jährige Gerichtseiche in Dausenau

Der achteckige mittelalterliche Turm, in früheren Zeiten Teil eines Stadttores von Dausenau, hat sich im Lauf der Zeit geneigt („Schiefer Turm")

1000 JAHRE

Der Adel und die Pastillen

Nicht erst die Römer, die für ihren Limes hier ein befestigtes Grenzkastell errichteten, bereits die Kelten und Germanen wußten die salz-, mineral- und kohlensäurehaltigen warmen Wässer von Ems zu schätzen, die bei richtiger oder von kundiger Hand gelenkter innerlich- wie äußerlicher Anwendung bis heute Linderung und Heilung von mancherlei Gebresten garantieren. In geordnete Verhältnisse gebracht wurde später das Badewesen durch den Mainzer Kurfürsten 1694, der auf seinem Lahnufer, dem südlichen, das erste Badehaus erbaute. Was die Herrschaften drüben nicht ruhen ließ: Die Errichtung der Karlsburg („Vier Türme") begann 1696; die ehemalige Bade- birgt heute eine andere Anstalt: das Statistische Landesamt von Rheinland-Pfalz. Das „Nassauer Badehaus" von 1715 lockte die Reichen und Schönen aus den deutschen Grafen- und Fürstentümern ins Lahntal; im 19. Jahrhundert war das kleine Ems eine der ersten europäischen Gesellschaftsadressen: Adel, Geldadel, Eminenzen, Exzellenzen, Könige, Zaren und natürlich auch der spätere Preußenkaiser Wilhelm I., dem 1892 ein Denkmal im Kurpark gesetzt wurde, suchten hier Abstand vom Repräsentationsstreß damaliger Zeiten. Zweifelhaften Ruhm erlangte der idyllische Ort mit der „Emser Depeche" vom 13. Juli 1870: Das Telegramm von einer Unterredung Wilhelms mit dem französischen Botschafter Benedetti wurde von Reichskanzler Otto von Bismarck so verkürzt und entstellt veröffentlicht, daß sich Paris im diplomatischen Sinn brüskiert fühlen mußte – Frankreich erklärte Deutschland den Krieg.

In unseren Zeiten hat in Bad Ems, das bereits 1324 die Stadtrechte erhielt, der normale Kurgast den adligen weitgehend verdrängt; Dryander- und Hufland-Klinik, das Deutsch-Ordens-Hospital und ein Zentrum der Maharishi Ayur-Veda sorgen bei Männ- und Weiblein für nachhaltige Vitalitätssteigerung, Schnellregeneration und insgesamt für eine geradezu unverschämte Gesundheit, die lebenslänglich durch die Emser Pastillen noch verstärkt werden kann. Einen gewissen Ausgleich für soviel Fitneß bieten der Bartholomäusmarkt im August, der seinen Höhepunkt im drittgrößten Blumencorso der Welt findet, und das Jacques-Offenbach-Festival zu Ehren des Komponisten (1819–1880), der hier fast so oft wie Wilhelm den Sommer verlebte, komponierte und viele seiner „Musiquettes" uraufführte.

Das Stadtbild prägen das 1912/15 restaurierte und neubarock ausgestattete Kurhaus, das 1836–40 von Johann Gottfried Gutensohn erbaute ehemalige Kursaalgebäude mit der Spielbank, der Quellenturm von 1907 und die für die russischen Gäste erbaute Kirche Sankt Alexandra von 1874–76.

Im Kurhaus von Bad Ems gaben sich im vergangenen Jahrhundert gekrönte Häupter, Künstler und Vermögende aus aller Herren Länder ein Stelldichein

Eine Fontäne in der Lahn vor der russisch-orthodoxen Kirche Sankt Alexandra, die 1874–76 für die russischen Kurgäste errichtet wurde, dahinter Schloß Balmoral

Folgende Doppelseite: Panoramablick vom Concordiaturm auf Bad Ems

Die Römerquelle ist nur eine von den zahlreichen Thermalquellen, die in Bad Ems zutage treten

Wandelhalle
und Thermalquelle
im Kurhaus von Bad Ems

Linke Seite:
Das ehemalige
Kursaalgebäude - hier der
reichgeschmückte Marmor-
saal mit aufwendiger
Kassettendecke - wurde
Ende der dreißiger Jahre
des 19. Jahrhunderts erbaut

Folgende Doppelseite:
Seit 1927 zieht am letzten
Sonntag im August - in
Verbindung mit dem
Bartholomäusmarkt - der
Blumencorso durch Bad Ems,
Deutschlands größte
rollende Blumenschau

Schloß Balmoral,
1867 errichtet, dient heute
der „Stiftung für Kultur
des Landes Rheinland-Pfalz"
als Einrichtung zur
Förderung von Stipendiaten
der bildenden Künste

SCHIFFS-
RUNDFAHRTEN
d·Pfalz

5
TRIER
KAISERSLAUTERN
NEUSTADT

Ende gut, Lahnstein

1969 wurden die selbständigen Orte Ober- und Niederlahnstein an der Mündung der Lahn in den Rhein zu einer Stadt vereinigt. Bis zum Reichsdeputationshauptschluß von 1803 gehörte Oberlahnstein zu Kurmainz; die Stadtrechte erhielt es 1324. Im Pfälzischen Erbfolgekrieg 1689 wurde die Stadt zerstört, von der mittelalterlichen Stadtmauer ist nur ein Bruchstück erhalten geblieben. In Oberlahnstein kam am 15. Juli 1338 unter König Ludwig dem Bayern jener Beschluß zustande, „wonach jeder rechtmäßig gewählte deutsche König auch ohne Krönung durch den Papst als rechtmäßiger deutscher Kaiser gelten sollte". Was tags darauf offiziell auf dem Königsstuhl in Rhens auf dem anderen Rheinufer im „Kurverein von Rhense" verkündet wurde und in die Geschichte einging.

Burg Lahneck aus dem Anfang des 13. Jahrhunderts, ehemals Mainzische Feste, wurde nach ihrer Zerstörung ab 1854 im Stil englischer Neugotik zum Teil wiedererrichtet. Die am Rhein gelegene Martinsburg, 1244 erwähnt, war eine der wenigen Wasserburgen am Rhein, eine Zollburg, an der Generationen gebaut haben. Die Wassergräben sind längst verfüllt. Der Salhof aus dem 12. Jahrhundert wurde von dem kurtrierischen Hofbaumeister Sebastiani seit 1686 im Barockstil völlig umgebaut. Das Alte Rathaus, 1507 erwähnt, ist ein spätgotischer Fachwerkbau mit einem Bruchstein-Erdgeschoß.

Niederlahnstein auf dem anderen Ufer gehörte zu Kurtrier, erhielt die Stadtrechte 1332 und war nur mit Gräben, nicht mit einer Mauer geschützt. Die Klosterkirche Sankt Johannes der Täufer, eine romanische Pfeilerbasilika mit sechsgeschossigem Westturm, stammt im wesentlichen aus der Mitte des 12. Jahrhunderts. Nach einem Brand von 1794 wurde sie wiederaufgebaut; bei der Renovierung von 1960/61 stellte man den mittelalterlichen Zustand weitgehend wieder her. Die Kapelle auf dem Allerheiligenberg mit ihrem wuchtigen Turm (1895–1901) wurde mit der großzügigen Förderung Kaiser Wilhelms II. nicht nur als Gotteshaus, sondern auch als Ehrenmal für die Gefallenen des Krieges von 1870/71 errichtet.

Stattliche Häuser gibt es in Lahnstein, deren Substanz zum Teil noch aus dem Mittelalter stammt. So läßt sich das „Wirtshaus an der Lahn" bereits im Jahr 1373 nachweisen; das Obergeschoß wurde 1743 in Fachwerk erneuert. Nicht zuletzt wegen des schönen Gartens ist es heute wie vor Zeiten ein beliebtes Einkehrziel.

1507 erstmals erwähnt, erhielt das spätgotische Fachwerkrathaus von Lahnstein (Stadtteil Oberlahnstein) sein heutiges Aussehen bei einer Restaurierung Ende des vorigen Jahrhunderts

Links oben:
Die romanische Johanniskirche im Stadtteil Niederlahnstein stammt in wesentlichen Teilen aus der Mitte des 12. Jahrhunderts

Auf hohem Bergesrücken thront die Allerheiligenkapelle, die 1895–1901 von Münsterbaumeister Max Meckel aus Freiburg errichtet wurde

Folgende Doppelseite:
Die Martinsburg, errichtet als Zollburg der Mainzer Erzbischöfe um 1300 und im Lauf der Jahrhunderte weiter vergrößert, war eine der wenigen Wasserburgen am Rhein

Burg Lahneck an der Lahnmündung war eine Gründung des Mainzer Erzbischofs zur Sicherung seiner Zollstadt Oberlahnstein (1244)

Eine Bettenburg von heute:
die Kurthermen oberhalb
des Ortsteils Oberlahnstein

Rechte Seite:
Schloß Stolzenfels gegenüber der Lahnmündung (Mitte des 13. Jahrhunderts) wurde 1689 im Pfälzischen Erbfolgekrieg zerstört und ab 1835 im Sinne der Romantik wiedererrichtet

Nach einem Weg von 245 Kilometern mündet die Lahn bei Lahnstein in den Rhein

Das „Wirtshaus an der Lahn“ (Niederlahnstein) ist ein dreigeschossiger Fachwerkbau von 1697

Ortsregister

Literaturhinweis

Klaus Gelbhaar: Liebeserklärung an eine Landschaft - Bilder aus dem Kreis Limburg-Weilburg. Wetzlar 1980.

HB-Bildatlas Westerwald, Taunus, Rheingau. Hamburg 1991.

Georg Dehio: Handbuch der Deutschen Kunstdenkmäler. Bearbeitete Ausgabe. Hessen. Darmstadt 1982. Rheinland-Pfalz, Saarland. Darmstadt 1985.

Arno Kappler/Wolfgang Lechthaler: Der Taunus. Frankfurt/Main 1994.

Hans Feldtkeller/Josef Jeiter: Die Lahn. München/Berlin 1965.

Georg Holmsten: Freiherr vom Stein. Hamburg 1975.

Die Autoren

Arno Kappler, Jahrgang 1944, studierte Vergleichende Literaturwissenschaft in Bonn (Dr. phil.), arbeitet als Lektor und Redakteur und ist Autor zahlreicher Veröffentlichungen. Im Societäts-Verlag erschienen: „Der Main“, „Der Taunus“ und „Der Spessart“.

Helmut Schuld, Jahrgang 1925, war leitender Mitarbeiter bei einem großen deutschen Automobilzulieferer. Mit der Leica fotografiert er seit einem halben Jahrhundert. Im Rahmen des Bildungswerkes der Diözese Limburg zeigt er seit Jahren Dia-Vorträge über deutsche und europäische Themen.